AF599159

Enrique Ballester

EL ÚLTIMO LIBRO DE FÚTBOL

Libros  del K.O.

PRIMERA EDICIÓN: septiembre de 2024

Calle San Bernardo 97-99, entresuelo 8
28015 Madrid

ISBN: 978-84-19119-72-8
DEPÓSITO LEGAL: M-18313-2024
CÓDIGO IBIC: DNJ, WSJA
DISEÑO DE CUBIERTA: Artur Galocha
MAQUETACIÓN: María O'Shea
CORRECCIÓN: Melina Grinberg
IMPRESIÓN: Kadmos

El papel utilizado para la impresión de este libro ha sido fabricado a partir de madera procedente de bosques y plantaciones tratados con los más altos estándares de sostenibilidad, lo que garantiza una gestión de los recursos responsable con el medio ambiente y las personas.

IMPRESO EN ESPAÑA - PRINTED IN SPAIN

Las tipografías son League Gothic y Baskerville.

Los primeros 88 artículos que contiene este libro fueron publicados originalmente en *El Periódico* entre agosto de 2022 y julio de 2024.
Los dos finales lo hicieron en *Jot Down Sport*.

¿Mañana qué hacemos?
[Ni cobrando]

Pasamos el verano previo a empezar el colegio tratando de preparar a mi hija Delia para ello. Vivíamos cada paso como un acontecimiento. Aún recuerdo el día que compramos la mochila, el día que se probó el uniforme, el día que fuimos a ver el patio desde fuera y el día que conoció en un parque a un futuro compañero. Recuerdo leer en las noches de verano libros que hablaban de niños que iban al colegio. Recuerdo las historias que le contábamos de cuando nosotros éramos pequeños. Tenía que estar todo preparado para el aterrizaje, sin traumas ni turbulencias, debía ser todo perfecto. Recuerdo también cuando llegó al fin su primer día de colegio: la ilusión, los nervios y el sueño. Recuerdo que Delia entró más o menos bien a clase, muy digna y como una campeona, y que volví después a recogerla. Con cara de haber llorado un poco, me dijo, muy seria: «Ya he ido al colegio, ¿mañana qué hacemos?».

Se nos había olvidado explicarle que había que ir todos los días al colegio.

Lógicamente Delia no daba crédito. ¿Todos los días? No tiene sentido. ¿A quién se le había ocurrido eso? Pasó bastante tiempo hasta que se resignó y asimiló el concepto.

El otro día entrevisté a Eduardo Mas, un veterano exlocutor de radio que anduvo décadas siguiendo al Castellón por toda España. Me dijo que había retransmitido más de ochocientos partidos en directo. Me apuntó la cifra exacta porque me aseguró que los contaba, e igual se lo inventó, pero le creí porque yo sí tengo una lista con todas las columnas que he escrito en los periódicos de Prensa Ibérica (793). Le pregunté por el desgaste que conlleva este tipo de oficio viajero. Tantos domingos fuera de casa y tantos kilómetros, sobre todo cuando acaba la novedad y va pasando el tiempo y crecen las responsabilidades adultas y el cansancio diverso, y su respuesta me pareció una genialidad honesta y clara: «Primero habría pagado por ello, después lo habría hecho gratis, luego solo si me pagaban, y al final ni cobrando». Aún la escribo ahora y sonrío aquí solo. Estoy en la tercera fase. Eso me salva de momento.

Cuando empiezas a trabajar de algo no piensas que tienes que ir todos los días al colegio. Quizá si eres profesor o maestro sí lo piensas, pero yo me entiendo. No piensas cómo estarás dentro de veinte, treinta o cuarenta años.

En un equipo de fútbol ves claramente quién pagaría por jugar, quién jugaría gratis, quién es un profesional y quién está ya medio escapando de este invento. Lo difícil es combinarlo con acierto. A menudo, como en el resto de empleos, esa división tiene que ver con la edad, pero no siempre. A veces encuentras a un veterano que destila el entusiasmo de un debutante —pienso fácil en Luka Modrić—, y eso es un tesoro inmenso. A veces encuentras a un joven que solo piensa en el dinero, nada más, y eso suele ser síntoma de algo feo.

Mi hija ya no es tan pequeña y el curso que viene irá al instituto. Con frecuencia, cuando suena el despertador, me pregunto cómo éramos capaces de ir siempre de niños al colegio, de dónde sacábamos la energía si no nos estaban pagando por ello. Mi teoría es que lo hacíamos porque no sabíamos que existía la posibilidad de no hacerlo, nos lo ocultaban, y ni siquiera nos lo planteábamos en serio. En el instituto era otro asunto, ya ibas pillando el funcionamiento.

Intuyo que pronto tendremos que explicar a Delia que también hay que ir todos los días, aunque no le apetezca ni cobrando, y la comprendo.

Febrero de 2023

Nuestro héroe
[Ni se inmutaba]

Está el ambiente tenso en este final de temporada. En situaciones así destacan aquellos que están hechos de otra pasta. Como sufridor futbolero que soy, admiro cada vez más a esos seres superiores ajenos a las inercias, los nervios y los dramas. Son superhéroes de la calma. Modelos a imitar en cualquier circunstancia.

Aparecen, además, donde les da la gana. De repente, sin sentido alguno y de la nada. La otra noche, en el partido del Espanyol y poco después del gol que completaba la hazaña, uno de estos elegidos asomó en pantalla. Estaba la afición del Espanyol lógicamente desatada, tras pasar del 0-3 al 3-3 en una situación desesperada, y el estadio bramaba envuelto por una atmósfera de euforia descontrolada. El realizador se recreaba en el entusiasmo colectivo, con las bufandas al viento y los cánticos de «Sí se puede» emanando de caras desencajadas. Ahí fue, en pleno éxtasis tribal, cuando descubrí a mi nuevo ídolo, el superhéroe de la calma.

Estaba sentado en una butaca. El hincha que tenía a su derecha sonreía dando palmas. Los que tenía en la fila delantera agitaban el puño y gritaban. Crecía a su alrededor la tormenta emocional, pero nuestro héroe ni se inmutaba. Nuestro héroe estaba a lo suyo, y lo suyo era una bolsa de Ruffles Jamón. Nuestro héroe tenía clarísimas sus prioridades y estoy seguro de que no cambiarán por una jugada. Quizá baje el Espanyol, pero nada le apartará de sus

Ruffles. Tampoco aunque se salve. Era una bolsa grande de patatas.

En la vida hay que relativizar el éxito y encajar los golpes, y nuestro héroe expresaba una tranquilidad natural y amable, en absoluto impostada. Todo ello, además, masticando con la boca cerrada. No se podía tener más carisma ni molar más. Una actitud impecable. Lo estoy volviendo a ver, en el minuto 80 y 5 segundos, en un estadio que arde. De vez en cuando enciendo la tele y reviso la secuencia. Es increíble la paz mental que me aporta. Ojalá, cuando mi equipo se juegue algo así, sepa reunir las fuerzas para poder imitarle.

Porque lo habitual no es lo de nuestro héroe. En caso de emergencia nadie sigue las instrucciones. Solo los que son como nuestro héroe: que eligiera Ruffles Jamón ya te dice mucho sobre esa persona, ese detalle. Nada de sabores raros ni riesgos innecesarios. Las modas pasan y los resultados también. Seguro que nuestro héroe prefiere ganar y quiere que el Espanyol se salve, obvio, pero me atrevo a pensar que sabe que no es lo único importante. Lo importante es que estará en el mismo sitio la temporada que viene, con sus Ruffles y con su gente, pase lo que pase, y lo sabe.

Ojalá disponer de esa clarividencia para vivir el fútbol con la perspectiva adecuada. Cuando lo he conseguido, ayuda bastante. Pensar que hace treinta años ya estábamos ahí y que dentro de otros treinta seguiremos estando, y que por el camino hemos sido felices y tristes; y que nadie gana siempre, pero tampoco nadie pierde siempre. Que todo pasa y volverá a pasar. Lo digo en el periódico cuando nos agobiamos, a veces: al final el periódico del día siempre sale adelante, mejor o peor, y también siempre al día siguiente hay que hacer otro, y pasado un tiempo ya no se acuerda nadie.

No será tan importante.

A menudo basta con reservar energía y sentarse a esperar el momento clave. Lo más difícil —en una temporada, en una vida— es silenciar el ruido y descubrir cuál es de veras el momento clave, y dar lo mejor entonces. Antes, las Ruffles y no agobiarse.

Mayo de 2023

Entenderlo
[Sin mirar la portería]

Ahora mismo en mi vida alternan dos tipos de partidos: los que veo solo y los que veo con un niño simpático llamado Teo. Los que veo a solas los veo básicamente por dinero, y poco más, no existe mucho misterio en ello. El fútbol es diferente cuando veo partidos con Teo, que resulta que es mi hijo y que tiene seis años ese tal Teo. La otra tarde se me tumbó encima en el sofá y me dijo: «No hables y no te muevas, que si hablas o te mueves me entra sueño» (?). Yo le hice caso, por supuesto, y me quedé callado y quieto porque es importante hacer caso siempre a Teo y, sobre todo, no tratar de entenderlo.

En la tele estaban jugando Barcelona y Getafe. Cuando ve partidos, a Teo le gusta sustituir a los jugadores de verdad por los nombres de sus compañeros. Su equipo juega en fútbol-8, porque todavía son pequeños, por lo que tiene que doblar algunas posiciones en el recuento, pero sabe quién es defensa, quién juega en la banda o en el medio y quién es delantero centro. Hasta ahí todo bien, todo correcto.

Teo estaba a lo suyo, entretenido y medio contento, hasta que escuchó al locutor pronunciar «Dembélé». Enseguida noté que algo no encajaba en su cerebro, pero opté por seguir callado y quieto. Al rato me dijo: «¿Pero Dembélé no se había muerto?», y yo entonces aún entendía menos. Al final él solo cayó en la cuenta a tiempo: «Ah, no, ¡Pelé!».

No trates de entenderlo (?).

Cuando se jugó el siguiente partido, Teo ya estaba durmiendo. Siempre que se va a la cama me pide que a la mañana siguiente le diga el resultado, pero hay días que estoy tan cansado que ni me acuerdo cuando lo llevo al colegio. Hay días que Teo cruza la jornada escolar con un reproche guardado en el cerebro. Luego, si me ve por la noche o si me llama al trabajo después de cenar, me lo echa en cara con todo el derecho: «No me dijiste el resultado y me lo han tenido que decir en el colegio». Como padre, necesito y prometo mejorar en ello. Es información básica de interés general y el lamento me parece correcto. Eso sí que lo entiendo.

En el siguiente partido, ese que vi ya sin Teo, Benzema marcó un golazo tremendo. Para explicarlo, hubo quien subrayó que Benzema, sin mirar, sabía dónde estaba la portería. Destacaron muchísimo eso. Ojo: que sin mirar sabía dónde estaba la portería. De vez en cuando hay quien sale con eso: increíble, el delantero sabía dónde estaba la portería en todo momento, menudo talento.

Destacan mucho eso —¡sabía dónde estaba la portería!— como si fuera un gran secreto del juego, pero me atrevería a decir que la portería no se mueve, la portería ocupa su lugar desde el principio de los tiempos. La portería está en el mismo sitio desde que empiezas a jugar de pequeño. Yo he jugado a fútbol muchos años y también sabía dónde estaba la portería sin tener que mirarla. El último de mis problemas jugando a fútbol era saber dónde estaba la portería. Diría que siempre supe dónde estaba mi portería e incluso la del rival, sobradísimo, era así de bueno. De hecho, quizá saber dónde está la portería sin mirarla sea lo único que puedo hacer igual que Benzema en un terreno de juego. Diría que hubo cosas más difíciles en ese golazo tremendo. Diría que ningún ojeador escribe en su informe:

«el hombre-brújula sabe dónde está la portería en todo momento».

Diría, pero no sé. Me apetece comentarlo con Teo, que a lo mejor estamos de acuerdo. A ver si mañana no tengo mucho sueño.

Enero de 2023

Un comunicado
[Gracias por la enseñanza]

La asociación de ideas es a veces peligrosa. Uno ve lo del Pizjuán con el Manchester United, por ejemplo, y sin querer se emociona y piensa: «Si el Sevilla puede volver a ganar la Europa League, ¿por qué nosotros no podemos volver a salir todos los jueves?».

Salir de fiesta empujado por la euforia que genera una victoria de tu equipo es una de las cosas más bonitas que te puede regalar el fútbol. De la celebración del gol pasas a la celebración del triunfo, y de ahí a la celebración de la noche entera, de la mera existencia. Eres feliz sin más esfuerzo que prolongar la inercia. No hace falta pedalear, solo has de dejarte llevar hasta la meta: el repaso mental y colectivo de las mejores jugadas, los parloteos con los amigos con los que vas y con los que te encuentras y las exageradas predicciones sobre el broche de la temporada, porque a esas horas siempre salen las cuentas. ¿Por qué limitar la emoción al estadio si puedes vivir la experiencia completa? El partido no acaba hasta que ves después el resumen del partido en la nebulosa etílica, antes de entrar en la cama, ya regresado a casa. El impacto dura en la memoria hasta la siguiente semana, porque así son las victorias perfectas.

En cambio, salir de fiesta después de una derrota de tu equipo guarda otra esencia. En esos casos, bebes decadencia. Cada trago te hunde un poco más en tus miserias. Las discusiones amistosas mutan con una incontrolable facilidad en bronca tensa. Incluso cuando te diviertes, la risa se congela de repente con el recuerdo del resultado, porque lo de olvidar es una quimera. La amargura es tendencia y la gracia queda siempre incompleta. Lo último que se te ocurre al llegar a casa es ver el resumen del partido antes de dormir, ni de coña, ni por un trillón de pesetas. El impacto dura en la memoria más de la cuenta. Dependiendo del partido, de hecho, quizá no se borre jamás esa cicatriz de tristeza. Una final perdida, un descenso consumado o un ascenso que vuela. Eso siempre te persigue, porque no hay vuelta atrás, ni la habrá, y porque así son las derrotas de mierda.

Sin embargo, para poder disfrutar de unas hay que pasar por la tortura de las otras. Esto es algo sencillo de explicar. ¿Por qué nos gustan los días libres? ¿Por qué somos capaces de disfrutarlos? Porque tenemos muchos días ocupados. Si todos los días fueran libres, nos asquearían tarde o temprano. No sabríamos valorarlos. De igual modo, para apreciar las victorias hay que entender antes las derrotas. Vale que a veces el fútbol parece no captarlo y habría que enviarle un comunicado, quizá, o algo. «Estimado fútbol, llevamos siete años en Tercera División, perdiendo *play-offs* y bordeando la desaparición, creo que ya hemos entendido eso del valor de la derrota. Nos ha quedado claro el tema y gracias por la enseñanza, pero a ver si podríamos pasar a lo de ganar, un día de estos, si no te importa».

Un comunicado, quizá, o algo.

Cuidado en todo caso con la asociación de ideas, porque a veces no mides las consecuencias. No hay nada como salir un jueves y despertar un viernes con un capazo de responsabilidades y tareas para recordar por qué dejamos de salir los jueves. Por resumir, por lo que sea: no somos el Sevilla,

Guti acaba de tener un nieto y la Europa League ya no es la Copa de la UEFA.

Abril de 2023

Hacer la ola
[Vacíos legales]

Dicen que la paternidad te planta frente a las grandes cuestiones vitales, y creo que es cierto. Durante el embarazo no dejé de hacer cuentas y pensar sobre un dilema trascendental: «Si Álvaro nace en el parón entre temporadas, ¿qué carnet de abonado le saco? ¿El de la recién finalizada 2022/23 o el de la futura 2023/24?».

Existe ahí un vacío legal difícil de interpretar, pero llegado el momento el club respondió esta pregunta existencial con frialdad burocrática. No vendían abonos una vez finalizada la temporada y la norma se debe respetar, así que Álvaro tuvo que esperar unas semanas preciosas en el limbo de los «sin equipo», en lo peor de la sociedad. Por el camino, además, algún nuevo abonado se le debió colar y perdió unos valiosos números que dificultarán que un día llegue a ser el socio número uno de la entidad. Ahora estoy condenado a vivir con esa angustia. Cuando el niño sea consciente de todo esto, no sé si me lo perdonará.

Quizá entonces comparta con él un truco que pienso practicar. Esta maniobra infalible será mi última voluntad. Lo único que pediré en el lecho de muerte es que mis descendientes oculten mi fallecimiento al club y sigan renovando mi carnet hasta la eternidad. Seguro que ahí existe también un vacío legal difícil de interpretar que podemos aprovechar. Ser el socio número uno desde el más allá, ¿qué puede fallar? Mis bisnietos excusarán mi ausencia en los homenajes —que sin duda me querrán brindar— y todo el mundo lo entenderá, sin sospechar. Lógico: un señor de 146 años necesita descansar.

De momento voy al estadio con el hijo mediano. El pobre Teo se llevó el otro día un susto monumental. De repente la gente empezó a hacer la ola y él nunca había visto hacer la ola. Imaginad lo que es esto: el niño vio que miles de personas empezaban a levantarse de sus asientos y me miró con una cara de pánico tremendo. Pensaba que había un terremoto, un reparto de algo gratis o un incendio.

Cuando le expliqué lo de la ola pasó rápido de la incomprensión al divertimento. Teo hacía miniolas con los dedos, que a su vez se sumaban a la gran ola cuando llegaba a nuestros asientos. La ola dentro de la ola, muy bonito gesto. Yo igual no hacía la ola desde que era niño, pero me vi obligado a participar para no crear un trauma al chiquillo, y que no pensara que su padre era el rarito que no se integra en el festejo. Mientras hacía la ola pensé en lo que estábamos viviendo: milenios de civilización para terminar haciendo la ola. El culmen de la humanidad, la cima del pensamiento.

La ola une a cualquiera con cualquiera. No importa clase social, signo político o franja de edad. La ola une tanto que Feijóo sería ahora presidente del Gobierno si hubiera empezado la ola en el Congreso.

Cuando acabó el partido, nos quedamos en la grada. Con la excusa del atardecer naranja, retuve a Teo y le hice fotos para el recuerdo. En realidad, a mi hijo le había sorprendido la ola porque es víctima de una desgracia: su padre es un periodista deportivo pluriempleado que solo puede llevarlo al campo en vacaciones o durante el permiso de paternidad, es decir, casi nunca. Y nos gusta mucho ir juntos al fútbol, y por eso nos quedamos ahí alargando el momento. Yo, pensando si tiene algún sentido todo esto, y contento, pero a la vez inquieto.

Por todo a la vez y por nada en concreto, pero inquieto. Es imposible la felicidad plena cuando eres —casi— viejo. Como la ola, te roza y se escapa mientras la estás sintiendo.

Octubre de 2023

Niños prodigio
[Altas expectativas]

Estoy siguiendo con bastante atención la irrupción de Pau Cubarsí, más que nada por no desperdiciar ninguna ocasión de decir «Cub*arsí* gana el Madrid». En esa línea de interés inusitado, el otro día leí en este periódico un reportaje muy chulo que firmaba Arnau Segura, y que contaba los orígenes de Cubarsí, que es de Estanyol, un pueblo muy pequeñito de la provincia de Girona. Mi momento favorito asomó con la declaración de una vecina, que explicaba que una señora, al salir de misa, pidió un aplauso colectivo «porque tenemos un jugador del Barça». Y claro que sí. Se me ocurren pocos motivos tan limpios para aplaudir todos juntos en la plaza del pueblo: tener a uno en el Barça. Ahora quiero un reportaje sobre esa señora.

Cubarsí tiene dieciséis años. Debutó con dieciséis y poco después Xavi, su entrenador, dijo que no aparentaba tener dieciséis años. Efectivamente: al día siguiente cumplió diecisiete.

Con dieciséis o con diecisiete años, se podría decir que Cubarsí es un niño prodigio. Por lo que sea, yo siempre empatizo muy fuerte con los niños prodigio. Quizá esto me ocurre porque sé lo que es crecer rodeado de altas expectativas. Mi madre esperaba mucho de mí, desde pequeño. Yo estaba tan tranquilo, de niño, viendo en la tele dibujos animados, y mi madre se sentaba a mi lado y empezaba a acariciarme el pelo, en una entrañable escena que solía romperse cuando articulaba sus pensamientos en voz alta. «Enrique —me decía—, de mayor serás calvo».

Mi madre repetía mucho eso de quedarme calvo y yo crecí con esa presión sobre mis hombros (nunca mejor dicho). Hay madres que fantasean con un hijo ministro, astronauta o futbolista: la mía me mentalizó para ser calvo. Sin venir a cuento, en cualquier viaje en carretera, mi madre repasaba nuestro árbol genealógico con una crudeza sobrenatural, etiquetando un calvo tras otro en las ramificaciones de padre, abuelos, bisabuelos y tíos varios. Su argumentación era implacable: alguna vez al peluquero se le ocurría comentar que yo tenía mucho pelo, que no me quedaría calvo, y mi madre salía al cruce sacando de la chistera algún primo tercero o cuarto que de chaval también tenía mucho pelo, que era el melenudo del pueblo, y se quedó calvo a los veinte años.

Con esta perspectiva en el horizonte, no tuve más remedio que vivir rápido, a todo trapo. Como una estrella del rock pero sin rock y sin estrella. Mientras tuviera pelo, no podía desperdiciar un fin de semana. Ni siquiera un amago de fiesta entre semana. Tenía que aprovechar el tiempo antes de que llegara la carta. Porque esa es otra. Miraba el buzón de casa por si llegaba la carta de los que hacen las estadísticas oficiales del porcentaje de calvos entre la población adulta, por si me tocaba. Así, entre una cosa y otra, encadené locuras: busqué un trabajo, me casé joven, tuve tres hijos y hasta me hice columnista precoz, antes incluso del Erasmus.

Sin embargo, y para disgusto de mi madre, he fracasado. En verano cumplí cuarenta años y aún no soy lo que se dice calvo. Pido perdón: todavía tengo pelo y no me ha llegado ninguna carta. Hasta en eso, en algo que parecía tan claro, he decepcionado a mi pobre madre y por eso empatizo siempre muy fuerte con los niños prodigio del fútbol, y quiero que cumplan las expectativas, que no se traumaticen y que les vaya bien: para que les brinden ovaciones al salir de misa, en el pueblo, y su familia esté orgullosa de ellos, como mi madre de mis primos calvos.

Marzo de 2024

Parecía buenísimo
[Pero no]

Hay gente que tiende a hablar más de la cuenta. Lo suele hacer con la mejor de las intenciones. El miércoles fui a un acto donde necesitábamos traductor simultáneo. Nos acercamos a la mesa para recoger el aparato con los auriculares y el hombre que los repartía nos remarcó que al acabar lo devolviéramos. Lo repitió tanto que nos extrañó, y alguien le hizo ver que por supuesto, que por qué no íbamos a devolverlos, y el tipo nos dijo que es habitual que la gente se olvide y se los lleve. Nos preguntamos entonces quién querría llevarse uno de esos aparatos y para qué y justo entonces cometió ese hombre el error: nos explicó que cada uno de ellos cuesta 300 euros. De repente mi postura hacia esos aparatos algo feos cambió. De repente los miraba con otros ojos. De repente en mis pupilas se dibujaba el símbolo del dólar, como en los dibujos animados que veía de pequeño. De repente tanto olvido tenía una explicación. De repente me entraron ganas de olvidarme de devolver el mío, también, por lo que fuera. Hay gente que tiende a hablar más de la cuenta.

Con los futbolistas brasileños pasa algo parecido. Para la mayoría de nosotros, mientras están en Brasil son invisibles, mientras están en Brasil es como si no existieran, pero una vez llegan a Europa los valoramos de otra manera. Si alguna vez te enteras de algún golazo previo, desconfías y minusvaloras la Liga brasileña, pero cuando los fichan ya es otra historia. Es absurdo, pero es: suben al avión en América, aterrizan en Londres y automáticamente, para millones de personas, son mejores de lo que unas horas antes eran. Lees que cada uno de ellos cuesta 60 millones de euros y de repente los vemos a través del símbolo del dólar dibujado en nuestras pupilas, que actúa en nuestras mentes como un filtro para tratar imágenes y embellecerlas. De repente nuestra postura hacia esos futbolistas cambia, por lo que sea. De repente los miras con otros ojos. De repente te entran ganas de verlos. De repente son estrellas.

El brasileño Richarlison marcó a Serbia el golazo acrobático que justifica una tradición entera. Diría que puede estar ya viviendo de ese gol hasta que se muera, así que le doy mi enhorabuena. Toda esa generación de niños que está descubriendo el fútbol mediante este Mundial ya ubicará para siempre a Brasil en la sección del imaginario colectivo que le corresponde era tras era. Da igual que a menudo jueguen feo, peguen mucho o jueguen mal, da igual que el cliché manido sea tantas veces una trampa grosera. La estampa plástica de ese remate de Richarlison en tijera nos garantiza décadas de oír hablar sobre el fútbol samba, el *jogo bonito* y los pies descalzos sobre la arena. El próximo verano, cada vez que un niño intente en la playa una chilena, y falle, alguien le dirá: «¿Quién te crees que eres, Richarlison?», igual que nosotros decíamos lo mismo con Rivaldo, o nuestros mayores con Pelé o con el brasileño que fuera.

Con frecuencia, en el Mundial se produce un efecto distinto al de la Liga brasileña. Hay futbolistas dichosos que disfrutan del mes de su vida, que se iluminan en la Copa del Mundo y deslumbran a cualquiera. Después los ficha tu equipo, los ves jugar cada semana y no hay filtro que arregle el poema. Te duele admitirlo pero lo piensas: parecía buenísimo, pero no lo era.

Noviembre de 2022

El balonazo
[Dile que es Pelé]

El lunes disfruté viendo el Athletic-Girona, que estuvo bastante guapo. Casi al final del partido, con 3-2 en el marcador, el visitante Jhon Solís recogió un balón suelto en la frontal del área y chutó con fuerza hacia el marco. Bajo palos estaba el local Vivian, un defensa, porque el portero Unai Simón había salido a tapar el disparo previo a un costado. En ese instante crucial, fue sencillo ponerse en la piel del pobre Vivian: la pelota avanzaba a toda velocidad hacia su cabeza con decenas de miles de aficionados pendientes de su acción. El fútbol tiene su parte bonita, pero a veces no se puede escapar de la trampa. ¿Qué haría yo en su caso?, pensé. ¿Aguantar el impacto con la testa como un héroe valiente o escabullirme cobardemente deshonrando a mi familia para siempre? Podéis ir pensando la respuesta correcta mientras os cuento que Vivian despejó el balón a córner con su cabezón, como un campeón, y se ganó el abrazo de los compañeros, el respeto de los rivales y la admiración de los aficionados.

Ahora bien, añado: si en lugar de Vivian hubiese estado yo bajo palos, el Girona tendría ahora un punto más en la clasificación. Está claro. Y si en lugar del Athletic hubiese sido mi equipo el que dependiera de mí en una situación así, también me habría agachado. Por supuesto. Creo que no hace falta, pero lo aclaro por si era necesario.

No habría pasado la prueba del coraje en ningún caso. Mi amor por mi equipo, a estas alturas del relato, se basa en el «sí, pero no demasiado». De hecho, esta prueba del cabezazo bajo palos podría convertirse en un ritual iniciático para los más osados. Sería perfecto también para desenmascarar a los exagerados. El concepto «yo daría la vida por ti» lleva décadas siendo un éxito en tifos, tatuajes, cánticos y demás parafernalia en los estadios. Gracias al método Vivian ahora podemos comprobarlo.

La prueba del cabezazo abre un abanico de posibilidades en cuanto al entretenimiento en el estadio. Podríamos incluso pactar rebajas en el abono de la próxima temporada para aquellos que hagan la de Vivian y superen el examen del balonazo. Podría venderse como una experiencia inmersiva: seguro que hay turistas dispuestos a pagar lo que sea por recibir un pelotazo de su futbolista favorito en toda la cara. Podría arraigar como una muestra de amor en San Valentín o para una pedida de mano: te quiero tanto que encajo por ti un pelotazo de Roberto Carlos. Desconozco el marco legal del asunto, pero estamos perdiendo dinero a capazos. Podrían hacerse tantas cosas que no sé a qué estamos esperando.

Por descontado, matizo que hay que andarse con cuidado. Que conste que no recomiendo a nadie que se juegue cabeza, belleza y cerebro para evitar el gol de un contrario. A nivel particular, entiendo el compromiso en otro grado. Si metes la cabeza donde otros no meteríamos ni el pie, y te pasa algo, que conste que te habíamos avisado.

Al menos, lo de Vivian en San Mamés me recordó aquella anécdota futbolera y milenaria. La escena de aquel médico que atendió a un futbolista que había recibido un golpe en la cabeza, durante un partido, y se acercó al banquillo para decirle al entrenador que el chico estaba conmocionado y no recordaba quién era. «Genial» —contestó el entrenador— «dile que es Pelé y que vuelva al campo de inmediato».

Febrero de 2024

La lagrimita
[Nadie te lo explica]

Como soy una persona muy ocupada y no tengo tiempo para nada, el martes, cuando Marruecos tumbó a España, preparé un meme titulado *Bingo de la España eliminada*. Ahí incluí todas esas frases que íbamos a escuchar seguro, sí o sí, junto a la máquina del café en el trabajo, sin remedio ni escapatoria, a la siguiente mañana. Como soy una persona madura y adulta, descargué una plantilla que había buscado en Google, desatendí a mis hijos durante un rato y empecé a teclear «Sin 9 no se puede jugar». Seguí con frases tan inapelables y certeras como «Ha faltado el gol» o «Si no chutas no puedes marcar» e incluí «Los niños de ahora viven demasiado bien» y «Los chavales solo juegan a la Play», porque los niños y los chavales algún recado siempre se tienen que llevar.

Las veinticinco frases que escribí en el meme —«Nos falta un Messi o un Mbappé»— me han perseguido durante toda la semana. Alguna me venía a la mente, como un acto reflejo, cada vez que alguien sacaba el tema del Mundial o me preguntaba por España. Es ciertamente difícil explicar este tipo de fiascos sin caer en el cliché —«Mucho tiki-taka para nada»—. Recordé también un artículo que escribí después de la eliminación en el Mundial de Rusia y en bastantes aspectos no necesitaría cambiar casi nada. Sobre todo en la parte del meollo que para mí es fundamental: es extrañísimo el fútbol a partir de cierta edad, cuando ya no es asunto primordial ni obsesión vital, cuando asumes que si ganas, pues bien, y si no ganas tampoco pasa nada.

Es extrañísimo, cuando fuiste un niño megafutbolero, estar viendo un cruce de España en un Mundial y estar más aburrido que nervioso. Estar más distraído que tenso. Estar más cansado que cualquier otra cosa. Es tan extraño que a ratos piensas que igual el fútbol ya no te importa, que ya está bien, que quizá te hayas curado. Pero luego acaba el partido, pasa sin goles la prórroga y el portero rival desvía el penalti definitivo en la tanda. Asumes entonces que no hay vuelta atrás y de repente estás un poquito triste y todavía más cansado. De repente es más de noche y sabes que la pena te va a acompañar hasta que te marches a la cama. De repente entiendes que el fútbol no te importa igual, quizá, pero todavía te importa.

El martes, además, mi hijo Teo fue consciente por vez primera de una eliminación mundialista de España. En televisión encadenaron varios planos de decepción y lamentos de aficionados y jugadores, y Teo amagó a mi vera con la lagrimita. Le expliqué rápido que no se preocupara, que su abuelo tardó casi sesenta años en ver ganar un Mundial a España, y como el niño nos ha salido bueno en cálculo mental hizo sus cuentas y enseguida pasó página.

Teo, que tiene seis años, llevaba unas semanas muy futbolero y se vino muy arriba con el 7-0 del primer partido de España. Ahí, como padre experto en fracasos y derrotas, dudé si debía contarle que eso era la excepción o dejar que fuera feliz, dudé si debía contarle la verdad o aplazársela. Dudé incluso luego si ir más allá, ampliar la lección y decirle: «Oye, Teo, tu vida hasta ahora es como el 7-0 a Costa Rica, pero cuando crezcas un poco se irá complicando el asunto y perder es lo normal, y todo eso, a menudo una mierda». Dudé, pero al final solo le he enseñado algunas frases del meme-bingo para que se defienda como un tertuliano en las discusiones del patio del colegio.

¿Cuándo hay que contarles la verdad de los Mundiales y de la vida? Cuando tienes hijos eso nadie te lo explica.

Diciembre de 2022

La perfección
[Un vencedor]

Las gradas están llenas de muertos que piden a gritos un vencedor. Cuando pienso cómo debe sonar una frase, me acuerdo siempre de estas palabras que encontré un día en los versos de un librito llamado *Madrigales de la pensión*. Las gradas están llenas de muertos que piden a gritos un vencedor: hay fuerza, hay ritmo y hay verdad. Es cerebro y corazón. Las gradas están llenas de muertos que piden a gritos un vencedor. Esa frase es la perfección.

Recuerdo dónde compré el librito (en la librería Babel), recuerdo dónde leí la frase (en el semáforo de la plaza Fadrell, junto a un señor mayor) y recuerdo qué hacía entonces yo. Entonces, en el año 2004, yo simulaba estudiar algo en la universidad y empezaba a escribir las crónicas del Castellón. Han pasado casi veinte años, simulo saber algo, escribo a diario y cada vez que tengo que romper el muro de la primera frase me acuerdo aún de «las gradas están llenas de muertos que piden a gritos un vencedor». Como un anhelo que se escapó, una aspiración. Esa perfección.

Cuando uno empieza a escribir no quiere ser igual que nadie, pero tampoco tiene voz. En esa época de tomar apuntes del partido desde mi asiento de Preferencia Alta, y de escribir luego crónicas en una página web de aficionados, coleccionaba una serie de frases que incluir con calzador. Frases para parecer listo, mayor e interesante, con mundo interior. Juraría que un día usé «las gradas están llenas de muertos que piden a gritos un vencedor». Juraría que a nadie le importó.

Cuando jugábamos al fútbol de niños, también había mucho de repetición. Es un impulso. No había tanta tele ni vídeo, pero nos llegaba de lo bueno lo mejor. La vez que Fowler se llevó la pelota esa con la espuela, y lo calcábamos luego en el patio del colegio. Los entrenamientos que estropeábamos por querer dar el último pase sin mirar, como Laudrup. Una fila de niños en el pueblo practicando la cola de vaca de Romario. ¿Cuándo perdimos esa capacidad de fascinación? A nadie le importa. Las pistas siguen llenas de niños que piden a gritos un vencedor.

Desde el lunes soy otra vez eso que llaman redactor de Deportes. Eso parece. Lo primero que me tocó hacer fue repasar declaraciones recientes de los jugadores. Cuando escuché a uno decir que el empate había que hacerlo bueno ganando el siguiente partido en casa, ese perenne topicazo, percibí de una manera rotunda la agradable sensación de regreso al hogar por navidades. Escuchar esa frase fue probar el pastel de los domingos familiares, la nata en los paladares. Joder, ya estamos otra vez igual, pensé, con la misma historia. Ya estamos donde siempre: con el mismo equipo, en la misma división, con el mismo objetivo del 2004 e intentando sonar mejor, aunque no sabes. Más cerca de ser uno de los muertos que ese vencedor.

Para parecer listo el mejor es Chesterton y lo de copiar hace tiempo que ya no nos vale. Chesterton compartió en su *Autobiografía* las claves de sus logros periodísticos: «En general creo que mi éxito se debe a haber escuchado con respeto y bastante humildad los mejores consejos de los mejores periodistas, responsables, a su vez, de los mayores éxitos periodísticos, y luego, haberme ido y haber hecho justamente lo contrario». Cuando lo leí casi me da algo. Lo leí a tiempo para salvarme pero tarde para el fútbol, sin embargo, porque ni Fowler ni Laudrup ni Romario. Debimos haber hecho lo de Chesterton, la verdadera perfección. La nuestra, lo contrario.

Febrero de 2023

Negocios
[Parque de atracciones sin acción]

Pequeños placeres, pequeñas molestias y al final del día recapitulas y haces las cuentas. Me molesta, pero lo puedo soportar: que los hielos de una bebida se derritan demasiado pronto. Me molesta también, no lo niego, otro poco: que ni siquiera llegue al área la pelota en un córner que sacan en corto. Me gusta con mesura, aunque puedo vivir sin ello, pero que conste que me gusta: que el ascensor me esté esperando en la planta baja cuando vuelvo del trabajo. Me gusta con moderación: tener una idea de negocio imposible y explicar al detalle a los demás ese invento de lo más tonto.

Esta es mi nueva idea de negocio: un parque de atracciones sin acción. Sería igual que un parque de atracciones normal, pero subes a las atracciones y las atracciones no se mueven. Solo descansas un rato. Te sientas y no pasa nada. Solo estás sentado. Luego te levantas, vas a otra atracción y tampoco se mueve. Solo descansas otro rato. Te sientas y ya está, no pasa nada. Solo sigues sentado.

No has de hacer nada ni sentir nada de emoción ni alteraciones de ánimo ni pensar «qué bien me lo he pasado». Las palabras clave son «descansas» y «sentado». El parque se llamaría Cort Aventura, un nombre abierto a la interpretación del usuario: aventura corta o corta ya con tanta aventura. Un parque de atracciones sin acción. «Descansas» y «sentado». El parque de atracciones que necesitamos.

En mi parque de atracciones sin acción se serviría un sencillo menú con consomé, merluza rebozada y plátano. Luego, té sin teína o café descafeinado. También se proyectarían en grandes pantallas partidos de fútbol olvidables y olvidados. A ser posible empates insulsos en partidos amañados. En las imágenes, los goles, las ocasiones y otros sustos similares estarían cortados. Solo veríamos jugadas aburridas e intrascendentes: pases perdidos, botes neutrales y saques de banda en campo propio. Cosas así: jugadores calentando, lanzadores pidiendo distancia en una falta y el cuarto árbitro enseñando la tablilla con los cambios. Planos del público comiendo un bocadillo en el descanso. Los equipos antes de salir en el túnel de vestuarios. El sorteo protocolario de campos. El árbitro ordenando a dos contrarios que se den la mano. Nosotros lo veríamos todo sentados, sin sufrir y sin fatigas, simplemente descansando. El parque de atracciones sin acción y el fútbol sin sobresaltos. «Descansas» y «sentado», está claro. El tipo de fútbol que necesitamos.

Pequeños placeres, pequeñas molestias y al final del día recapitulas y haces las cuentas. Me molesta, pero lo puedo soportar: que se haya quedado en el fútbol para siempre lo de los cinco cambios. Me molesta también, no lo niego, otro poco: despertarme, mirar la hora y comprobar que solo falta un minuto para que suene el despertador, o que estemos en 2023 y aún me falten unos treinta años para jubilarme en el mejor de los casos. Me gusta con mesura, aunque puedo vivir sin ello, pero que conste que me gusta: que me sirvan el café a la vez que el postre o que suene en la lista de reproducción la canción que estaba deseando. Me gusta con moderación: tener una idea de negocio imposible y explicarlo.

No suele pasar tan pronto, en el mes de enero, pero con esta idea ya he salvado todo el año. Cort Aventura, ahí queda.

Ahora voy a por la Liga. No se me ocurría nada igual desde el várbitro o el McAuto para barcos.

Enero de 2023

Un poco de pedagogía
[Paz, tolerancia, quinoa]

En el estadio de Montjuïc está pasando de vez en cuando. La gente se pone a hacer la ola sin ningún criterio, con el Barça jugando mal o empatando, vaciando el concepto y celebrando la nada. Dicen que la culpa es de los turistas, pero quizá no sea del todo cierto. Quizá ocurra que se ha hecho del Barça el chaval aquel de aquella estúpida y por tanto divertida película americana. El chaval aquel que intentaba liderar un aplauso colectivo y que los demás le siguieran, pero nunca acertaba con el momento adecuado. El chaval iniciaba las palmas en las situaciones más inoportunas y se quedaba siempre solo, triste y ridiculizado en el amago. Quizá ese chaval haya encontrado por fin el público que necesitaba, el de Montjuïc, y sea justo él quien empieza la ola ahora en pleno drama. Quizá por eso los demás, desde fuera, no comprendamos nada.

Al estadio al que suelo ir todavía no han llegado los turistas, por suerte o por desgracia. A cambio, como el equipo va muy bien, abundan los domingueros de la grada. Esto es algo que en mi juventud llevaba regular, en una paradoja. Me gustaban las gradas llenas, las deseaba así, pero me daban un poco de rabia esos que nos despreciaban en las malas y se apuntaban en las buenas, en el balcón del éxito y arrastrados por la moda. Debo decir que hoy en día lo gestiono mejor: que cada cual viva el fútbol como le plazca, no pasa nada. Vivimos en una sociedad. Comprensión. Paz. Tolerancia. Quinoa.

Eso sí, existe un tipo de hincha que me sigue molestando. El aficionado que es incapaz de valorar la intendencia. El que solo aprecia a los futbolistas vistosos y ruidosos como una charanga, pero no ve el trabajo sigiloso y eficaz de los que se sacrifican por el colectivo jornada tras jornada. Me molesta porque para jugar así, pensando más en la ayuda a los demás que en el elogio de uno mismo, hay que ser buena persona, y me molesta porque tengo cero dudas al respecto: esos jugadores son precisamente los que te permiten celebrar los objetivos cumplidos a final de temporada. No son esos futbolistas dulzones que un día bien, vale, muy bonito, pero pronto se cansan y empalagan. A mí dame sabores amargos. No me fallan.

Por eso, por madurar e ir más allá del clásico «no tienes ni puta idea de fútbol» en las discusiones, he ideado otra manera de defender y reivindicar a este tipo de futbolista honesto y a menudo poco valorado. Escucho con paciencia las tonterías de mis amigos y luego elijo a uno y le digo: «El próximo día me sentaré a tu lado y cada vez que ese futbolista que desprecias haga una acción positiva —una cobertura, un despeje, un robo, un duelo ganado, un pase de seguridad, uno que supere líneas, una falta táctica— te pegaré una hostia. A ver si así te das cuenta. Seguro que antes del descanso ya lo tienes claro».

Es poco probable, por lo que sea, pero pensemos por un momento qué bonito sería que esta entrañable y pedagógica manera de ver el fútbol se pusiera de moda. Miles de turistas pegándose en las gradas de Montjuïc durante una goleada del Barcelona. Sería largo de explicar, pero tendría más sentido que la ola.

Mayo de 2024

Sí que pasa
[Queremos todo]

¿Qué nos ocurre con los ídolos? Por un lado queremos que se vayan dejando un buen recuerdo, que digan adiós antes de arrastrarse por el campo, pero cuando lo hacen nos parece demasiado pronto y nos da pena que se marchen de nuestros equipos. Nunca es del todo el momento adecuado. Pienso en aquel Messi y pienso ahora en este Benzema. Lo queremos todo. Queremos que se vayan y que no se vayan, a ratos, queremos que vuelvan pronto y también que no vuelvan jamás, que lo nuestro fue muy bonito y lo podemos estropear.

No somos fáciles de explicar.

Queremos todo. Queremos que no pase nada por perder y que a la vez sea la hostia ganar, y eso es imposible de verdad. En cada derrota capital de los míos trato de engañarme con lo mismo. No pasa nada, me digo. Valora que están bien de salud los tuyos, me insisto. Eso es lo que de veras importa, la familia, y no lo de tu equipo. Estás por encima ya del fútbol, recuerda, eres un ser racional y adulto y te la suda muchísimo. Y si pierdes no pasa nada, y en la teoría está clarísimo, pero sí que pasa, en la práctica pasa que perder nos jode la vida. Eso pasa.

¿Cómo no va a pasar? El asunto me recuerda una escena que presencié hace poco en un partidito de prebenjamines que jugaba mi hijo. En un momento del partido y en una acción desgraciada, un niño marcó un gol en propia puerta y los padres de su equipo trataron de animarlo un poquito: «No pasa nada, chicos. No pasa nada, seguimos igual». Tanto insistieron con ello que el portero se lo tomó al pie de la letra. Plantó la pelota en el área, ordenó a sus compañeros que se colocaran y sacó de puerta. El árbitro entonces le dijo que no, que había sido gol y tenían que sacar de centro. El niño se encogió de hombros, como pidiendo explicaciones a los padres. ¿Pero no decíais que no pasaba nada?

Sí que pasa, lo siento. Claro que pasa.

Cuando se marcha un ídolo de nuestro equipo, el autoengaño es casi lo mismo. Nos decimos que no pasa nada. Nos decimos que seguimos. Nos decimos que aparecerá otro mejor, igual o parecido. Pero sí que pasa. Claro que pasa.

A veces un abismo.

En las finales esto se aprecia más claro que en ningún otro sitio. Osasuna llega a la final de Copa, la pierde, y alguno podría pensar, bueno, no pasa nada, esto de ser subcampeón ya es más de lo que nos exigimos. Pero si no pasa nada, ¿por qué caen estas lágrimas? Porque pudo ser más, porque sí que pasa, porque en el fondo lo soñamos y nos lo creímos, como ese niño.

La cuestión también alcanza a los ricos. Creo recordar que los del Manchester City solían decir que lo importante no era la Champions, sino la Premier League. No pasaba nada si no ganaban la Champions, era algo así: lo importante era la regularidad de la Premier y no sé qué del camino. Pero, entonces ¿por qué están tan contentos por llegar a la final y poder por fin ganar la Champions? ¿Por qué esa euforia? Porque sí que pasaba. Pues claro que sí.

En el fútbol, en el colegio, en el trabajo, en casa o porque sí, ¿cuántas veces decimos que no pasa nada, pero sí que pasa? Quizá sea una cobarde huida sin fin, pero, a la vez, sea también la única forma de vivir. Quizá, medianamente feliz.

Junio de 2023

Ayer Lamine
[Bailando por ahí]

Si yo fuera Lamine Yamal y debutara en el Barça y en la Selección con dieciséis años, lo llevaría regular tirando a mal. Lo primero que haría sería volver al colegio y preguntar por los profesores. ¿Dónde están ahora todos esos que me decían que estudiara, que el fútbol no me daría de comer? ¿Dónde están los que no me dejaban jugar con la pelota en el recreo? ¿Dónde?

Por suerte para el Barça, la Selección y la sociedad en general, yo no soy Lamine Yamal. Ni me acerco.

Cuando un talento precoz irrumpe en el escaparate futbolístico, una serie de tramas comienza a su alrededor. Una de las más inofensivas y absurdas es la carrera por ver quién lo descubrió. Quién lo conoció antes que los supuestos expertos. Quién iba a apoyarlo en los campos de barro. Quién es tan listo que lo vio venir de lejos. Quién dijo primero que ese niño iba a ser muy bueno.

Malvivo con varios amigos especialistas en esto, amigos que incluyen el espíritu cazatalentos en su receta mágica para la resaca, amigos que han apurado la juventud infinita con matinales de Burger King, partidito de alevines en la difunta tele del Barça y Espidifen 600. Mis amigos culés discuten ahora por esa medalla epifánica con Lamine Yamal, como era de esperar. Uno dice que lo vio con la selección sub algo y que nos avisó, pero no lo recordamos. Otro se inventa un torneo de fútbol base que nunca ocurrió y otro jura tener un sobrino que iba con Yamal a clase y nos lo recomendó. Todos presumen de habilidades ojeadoras, cada cual más demencial y sospechosa, pero soy el único que aporta pruebas. La temporada pasada tuiteé: «Ayer Lamine, bailando por ahí», lo que significa que soy idiota, que ya conocía a Lamine y que no había olvidado a Juan Magán.

La delgada línea que separa el bien del mal.

El gran monstruo del fútbol necesita constantemente alimento fresco y Lamine ha aparecido en el momento perfecto —el del adiós definitivo del tótem Messi y con la esperanza Fati en un hasta luego—. Las novedades cíclicas fidelizan y crean afición. También generan visitas y venden periódicos. Algunas son tóxicas de veras: la polémica arbitral o el odio sistémico. Otras son más sanas: la ilusión por el joven ídolo. Esa fascinación sucesiva y eterna. Mientras asomen ídolos, habrá fútbol. La infancia renovando clientela. La novedad agitando las banderas.

A veces queremos que nuestros hijos vivan su vida a través de nuestra experiencia. En el coche, a menudo pongo la música que me gusta a mí, a ver si alguna canción cuela. Por la noche, antes de dormir, a mi hijo Teo le enseño en YouTube los mejores goles de las últimas décadas. El otro día se me sentó al lado y dijo: «Papá, nos hemos perdido muchas cosas». Le pedí que me desarrollara la idea y así lo hizo, con aire meditabundo: «Nos hemos perdido los dinosaurios, los cavernícolas, los faraones y a Pelé». Eso me dijo Teo y me dio algo de pena. Un niño de casi siete años echando de menos a Pelé y viendo en la cama goles de Fowler, Raúl y Le Tissier. Un niño que pide la camiseta de Messi para su cumpleaños, pero no por lo que ha vivido, sino por lo que le han contado.

He decidido que poco a poco dejaremos esos vídeos viejos, porque no es justo para nadie vivir en un tiempo ajeno, y el tiempo de Lamine quizá no sea el mío, pero sí el de todos los Teos. Un tiempo ni mejor ni peor. Un tiempo necesario y nuevo.

Septiembre de 2023

El entusiasmo
[Y el termo]

Últimamente no voy a trabajar sin mi termo. En pocas semanas se ha convertido en un complemento básico a mi personalidad. No imagino una vida sin mi termo. No recuerdo cómo era la vida antes del termo. Es la mejor inversión que he hecho en mucho tiempo. Tú me ves entrar en la redacción con el termo y piensas «qué tipo más dinámico el del termo». Me ves pegar un traguito y piensas «seguro que sabe inglés el del termo». Parezco más joven, menos cansado y más culto con mi termo. Parezco una persona con iniciativa, un emprendedor, alguien con mundo interior que sabe lo que está diciendo. Además da igual lo que lleve dentro. Me ves con el termo y me ves moderno, aunque en realidad el termo esté vacío o aún peor, lo tenga lleno de anís, agua con gas o ponche Caballero.

El caso es que era justo lo que necesitaba, lo del termo, porque lo de llevar gafas y barbita para parecer listo había dejado de funcionar hace tiempo. Tampoco lo de tener un pódcast causa ya buena impresión y lo de llevar sudadera con capucha, a partir de los treinta y cinco años y sin ser informático, ni te cuento.

Para esto del termo me inspiré en el fútbol, algo, creo, como en todo, aunque fuera de manera inconsciente. La verdad es que la actitud correcta con el termo es la misma que gastan los argentinos y los uruguayos con el mate. Los futbolistas parecen mejores si bajan del autobús con el neceser bajo el brazo y los auriculares puestos, para empezar, y si además salen del entrenamiento bebiendo mate les darías el Balón de Oro directamente. No puede ser malo un jugador que lleva el neceser en un lado y el mate en otro. Lo sabe todo el mundo, está claro.

Por mi parte, desde que soy el tipo dinámico del termo me obligo a actuar como tal, en plan europeo, responsable y atento. En casa están contentos con esto, pero confieso que a veces echo de menos sentirme mal por perder el tiempo. Añoro llegar a la noche en pijama y pensar «joder, no he hecho nada de todo lo que tenía que hacer, he estado jugando al *Football Manager* doce horas y encima el Murcia me ha ganado la final de la Champions, soy una basura de persona, un escombro». Añoro estar en la mierda (solo) un rato.

Una vez consolide lo del termo, el siguiente paso es abordar lo del entusiasmo. Esto también lo he visto en el fútbol durante muchos años. Hay jugadores que marcan goles y ganan partidos, y son grandes profesionales, pero eso no es suficiente. Deben celebrarlos con el debido entusiasmo. Lo dicta el ambiente y lo recomiendan los agentes, que alguno me lo ha contado. Cuando esos futbolistas entienden que sentir o fingir entusiasmo es una parte de su trabajo casi tan importante como meter goles o ganar partidos, les va mucho mejor en su carrera. Son más queridos y mejor valorados, se ahorran explicaciones y consiguen mejores contratos.

El neceser, el mate y el entusiasmo.

A mí la gente que es superentusiasta siempre me ha inquietado. Me paralizo y empequeñezco a su lado. Esas personas que son un torbellino de energía ¿cuándo comienzan a serlo? Al salir de casa o de la cama, al entrar en la ducha, al llenar el termo… ¿Cuándo pasan de estar a cero a estar a mil? ¿En qué momento exacto? ¿O son siempre así? Quizá lo sean, con aspavientos, pura pasión, amando el trabajo. Me gustaría saber qué llevan en el termo, y probarlo.

Mayo de 2023

Nada mejor
[Un giro de 54 grados]

Cuando voy a un acto social, casi siempre por obligación, me gusta estar con otras dos personas y escuchar en silencio lo que dicen. Si somos tres, no somos dos. Si somos dos es probable que más pronto que tarde se produzca un silencio incómodo —incómodo para la otra persona, por supuesto, yo soy un gran conservador de silencios, yo podría completar el rally Dakar sin hablar con mi copiloto ni un momento—. Y si somos tres, no soy uno. Si soy uno corro el riesgo de que alguien se acerque para hacerme compañía y tengamos ese mismo problema, el problema de ser dos otra vez.

Por eso tres es la cantidad ideal, porque cuatro quizá sea una cifra demasiado pretenciosa. Cuatro es para los más populares de la clase, para los molones de categoría, y esa claramente no es mi liga. Tres es lo mejor, entonces: ellos hablan y yo escucho, a veces incluso asiento, y todos bien.

Así que éramos tres: yo callaba y los otros dos hablaban con pereza sobre la Supercopa de España. Uno le preguntó al otro si iba a ver la Supercopa por la tele esa noche y el otro contestó: «Sí, hombre, no tengo nada mejor que hacer». Lo dijo en tono irónico, deduje, porque parezco ausente pero no se me escapa una. En realidad el tipo sí tenía algo mejor que hacer, pero como tampoco especificó el qué, no sé exactamente qué tenía mejor que hacer. Yo estaba escuchando sin aportar nada y con dolor de pies, como digo, y lo gracioso es que pensé «la verdad es que yo no tengo nada mejor que hacer, por eso la voy a ver».

Han pasado unos días de eso y, cuanto más lo pienso, más contento estoy de no tener nada mejor que hacer. Cuanto más lo pienso, y a partir de cierta edad, tener algo que hacer es sinónimo de obligaciones y problemas. Cuanto más lo pienso, más victoria vital me parece rozar los cuarenta años de edad y no tener nada mejor que hacer un miércoles cualquiera que ver medio aburrido la semifinal de la Supercopa de España, que si la ganan los tuyos, pues vale, genial, y si no la ganan, pues tampoco es un gran drama. Es más, si yo ganara la Supercopa un día, me pasaría lo que cuenta Meryem El Mehdati en *Supersaurio*, que le preguntaría a su terapeuta por qué siente la necesidad de fingir que nada de lo que le pasa es importante, por qué cuando consigue un éxito se asegura de rebajarlo todo lo posible. Pero para eso primero tendría que ganar la Supercopa un día, y resulta que tengo algo mejor que hacer que ganar la Supercopa: esto es, ver la Supercopa.

De hecho, a ratos creo que yo ganaría el Mundial de fútbol y le quitaría importancia: «Bah, cada cuatro años lo ganan decenas de personas, no será para tanto».

La Supercopa, en todo caso y desde que se juega en enero, asoma como un torneo idóneo para cambiar inercias. En esos momentos siempre hay alguien que dice lo de dar un giro de 180 grados y está bastante bien porque al menos no cae en el error de los 360, pero ¿por qué siempre 180 y no 54? A veces no es necesario tanto giro, ni para tu equipo ni para tu vida. A veces la gente cambia de país, de número de teléfono o de color de pelo, a veces un club cambia de repente de un entrenador poeta a otro barraquero, de un extremo a otro extremo, cuando a veces con un giro de 54 grados serviría, pero nadie se toma la molestia de calcular con exactitud el tipo de giro que necesita.

No lo sé, qué más da, giros a medida: estas son las cosas que pienso cuando somos tres, los otros dos hablan y yo aguanto en silencio, con nada mejor que hacer que eso.

Enero de 2023

Las dos de la madrugada
[Máxima mesura]

El Lugo anunció la destitución del entrenador el sábado a las dos de la madrugada. Buena hora, las dos de la madrugada: la hora de las decisiones acertadas. Mis felicitaciones al Lugo. Nunca nadie tomó una decisión equivocada un sábado a las dos de la madrugada. Nunca nadie se arrepintió al día siguiente de algo que dijo o hizo un sábado a las dos de la madrugada. Nunca nadie tuvo la percepción de la realidad algo desviada un sábado a las dos de la madrugada. Todos mostramos siempre nuestra cara más cabal un sábado a las dos de la madrugada. Lo notas en el ambiente: máxima concentración y mesura siempre en todos los cerebros cada sábado a las dos de la madrugada.

Ya lo dice el refrán, además: no dejes para mañana lo que puedas hacer ahora a las dos de la madrugada. Siempre sale bien, de verdad. Siempre funciona.

Es lo mejor hacer lo que se te ocurre los sábados a las dos de la madrugada. Las ideas brillantes asoman por las mejores mentes justo a esa hora. Lo de añadir ruedas a las maletas, lo de mover a Messi de la banda derecha al centro y lo de instalar espejos en los ascensores surgió un sábado cualquiera a las dos de la madrugada. También la norma de la cesión al portero, los Fantasmikos y el vendaje en la mano de Benzema. Resumiendo, los grandes avances de nuestra época.

Seguro que el primer entrenador que se puso una gorra tuvo la idea original a las dos de la madrugada. He visto una foto de Cesc Fàbregas con una gorra. Llevaba unas semanas entrenando al Como, de la segunda división italiana, pero ha tenido que dejarlo para estudiar. Resulta que para ser el entrenador oficial del equipo debe sacarse los títulos necesarios. Me gusta pensar que lo de ponerse la gorra fue un intento de solución a la desesperada. La gorra de entrenador, muy buena jugada. Me gusta pensar que te convalidan asignaturas si sabes ponerte la gorra.

▼ Mi hijo Teo se despierta como un reloj a las dos de la madrugada. En parte, ya no salgo por las noches (y renuncio a un montón de grandes ideas) porque tengo que acudir a su llamada. Normalmente sus necesidades son bastante obvias. Si tiene sed grita «papá, agua». Si tiene frío primero grita «papá, ven» y luego dice «tápame». Por lo visto lo de coger la botella de agua que tiene a un palmo, sobre la mesilla, no entra en sus opciones vitales. Tampoco lo de taparse por sí solo. Nos ha salido un poco exquisito el niño y al principio me quejaba, pero ya me he rendido. Le he cogido hasta cariño a la experiencia esclava de las dos de la madrugada.

De hecho, hace poco me sorprendió durante el auxilio rutinario de las dos de la madrugada. Mientras bebía agua, y aún medio dormido, Teo frenó un segundo y me preguntó: «¿Cómo ha quedado el partido?». Yo no sabía muy bien de qué me estaba hablando, si de la Liga o de la Champions, hasta que añadió: «el partido del *Mini Football*», que es un juego del móvil al que estoy oficialmente enganchado, y me había visto jugar mientras se quedaba dormido y yo esperaba. Le dije que había ganado, terminó de beber, lo tapé y regresé contento a la cama. Me acosté en paz porque deduje que Teo vive feliz si esas son las preocupaciones que asaltan su mente a las dos de la madrugada.

Diciembre de 2023

Si ganan
[Algo ganaron]

No hay frase más difícil de escribir que la primera de cada temporada. A partir de aquí ya se deslizan las tonterías en cascada, pero la primera genera siempre un pequeño tormento: la vas rumiando sin querer durante las vacaciones de verano, ese supuesto tiempo de asueto, la cambias mil veces en tu cabeza y nunca quedas del todo contento. Es imposible huir del cliché de la vuelta al colegio, del aroma a la redacción del primer día de curso, contando lo que hiciste el último verano.

Odio la primera columna de cada temporada casi tanto como el primer día de trabajo. No sabes bien si debes saludar de un modo especial o engancharte a la rutina rápido, y actuar como si nada. Odio la primera columna de la temporada porque sin querer aspiro a convertirla en algo especial, y eso suele salir mal hagas lo que hagas. Las mejores columnas de cada año han surgido siempre cuando menos lo he sospechado, como las mejores noches de fiesta, que nunca son en Nochevieja o en un cumpleaños, sino en un día tonto que no ibas a salir y que de repente se desparrama, o como los mejores partidos en la grada, que casi nunca son el día grande del calendario, sino un partido cualquiera en noviembre, imposible de prever. Es ahí casi siempre cuando surge de veras la magia.

Pero la primera columna y la pereza que genera son peajes ineludibles para llegar a esos momentos. Para qué preocuparte por cambiarlo si no puedes hacer nada. Ahora mismo, este verano, todo el mundo habla del equipo que está construyendo el Barcelona: es decir, mi cerebro hace todo lo posible para que yo no escriba del equipo que está construyendo el Barcelona, porque tengo esa tara arraigada.

Mi amigo Fernando me comentó el otro día que un viejo político, ya retirado, le dijo que algunos de los problemas de una ciudad solo se podrían resolver con unos gobernantes dispuestos a perder las siguientes elecciones y eso, por lo que sea, es algo que no se suele encontrar. Quizá para arreglar de una manera definitiva los problemas económicos del Barcelona se necesitaría una junta directiva dispuesta a perder las siguientes elecciones, pero eso tampoco parece que vaya a pasar. El fútbol permite esas jugadas: la apuesta por el corto plazo está bien vista porque conlleva ilusión a toneladas, la ilusión es el principal motor del hincha —que por encima de cualquier otra cosa anhela resultados—, y en el fútbol los hinchas somos niños malcriados. ¿Y quién quiere tratar a un niño como si fuera adulto? ¿Quién osa quitarle la ilusión a un niño? Nadie quiere ser tan malvado. El presidente Laporta no, desde luego. Y yo tampoco, eso está claro.

El Barcelona es un club grande y como tal afronta los peligros financieros instalado en una certeza mental: al final nunca pasa nada. Lo que ocurre en realidad es que ese final nunca llega, porque tiene la capacidad de alargar el final, de ir despejándolo a patadas. También es como la política: el problema a menudo no se resuelve, simplemente se aplaza. Mientras tanto la inercia vital continúa y vamos tirando. Lo que ahora importa a mis amigos culés es bajar a la piscina y comentar: «Tenim un equipasso».

No lo critico, que conste, solo lo constato. Si ganan, nadie se acordará de esto en la última columna de la temporada. Si ganan.

Agosto de 2022

Todos argentinos
[El Pibe]

Desde que Argentina ganó el Mundial estoy observando un fenómeno inquietante. España está repleta de seres humanos simulando ser argentinos mañana, tarde y noche. En cada una de las oficinas de este país se está dando al menos un caso. En mi trabajo está ocurriendo esto con Sergi: empezó entonando las canciones que coreaban en Mestalla a Pablito Aimar, siguió forzando el acento argentino para saludar y ya está ahora en la fase de preguntar a su madre si sabe de algún bisabuelo que viajara a América durante el siglo pasado, por casualidad, por si se pudiera nacionalizar. Está a un paso de buscar cómo se prepara el mate en un tutorial y entrar dando traguitos cada mañana por la puerta principal, con unas empanadillas listas en la bolsa para la hora de almorzar.

Este fenómeno imparable y creciente no entiende de edad. Mi hijo me ha contado que el lunes llegaron al colegio todos los de clase gritando « Ar-gen-tina, Ar-gen-tina». Mi hijo tiene seis años y no había visto jamás la cara de Messi hasta que le salió en un sobre de cromos. Lo miró y me dijo que pensaba que era más guapo. Después lo vio jugar durante el Mundial y me dijo que pensaba que era más alto. Por lo que sé, había oído hablar tanto de Messi, y tan bien, que en clase lo tenían como una especie de superhéroe y en su mente esperaba un monstruo gigantesco. Mi hijo esperaba que el más grande fuera en realidad «el más grande». Si lo piensas un poco tiene sentido: casi siempre los grandotes juegan con ventaja en los partidos entre niños.

Me gusta cómo he cerrado el párrafo anterior, pero no nos dispersemos con lo mío: el tema que requiere nuestra atención es que ahora todo el mundo aparenta ser argentino. Imagino que terminarán investigándolo con fondos europeos. No veía nada igual desde que estrenaron *Amelie* y todas las chicas se dejaron flequillo, aunque eso al menos tenía sentido porque el flequillo es a las mujeres lo que la barba a los hombres: un dopaje estético de bajo coste socialmente permitido y aplaudido. Peor fue cuando mi equipo fichó a un tal Natalio que puso de moda un peinado con mechas rubias entre los chavales de mi ciudad, que ahora mismo no sabría describirlo pero todavía me duele un poquito. Ahora los chavales dicen achique, remera y campeonar, y qué mirás, bobo, anda pallá, y suenan a artista madrileño que habla con acento andaluz para impresionar al personal, y luego lo cambia por acento latino cuando se tercia la oportunidad de girar.

▼ El mañana es un océano de lágrimas, los chicles de menta saben a infidelidad y las modas siempre vuelven a empezar. Los chavales no lo saben, pero a lo de simular ser argentino llegan muy tarde, para variar. Hace tiempo conocí a Héctor Escrig, el *speaker* del estadio Castalia, y conocí también que la gente lo llama Pibe. A mí lo del apodo me chocó enseguida y un día le pregunté a qué se debía. La respuesta superó mis expectativas, porque mola bastante la historia.

Resulta que el primer día de clase, en el instituto, cuando la profesora pasó lista, al Pibe le dio por contestar con acento argentino. Como se rio toda la clase, y para que no lo castigaran por graciosete, tuvo que aguantar el curso entero hablando con acento argentino delante de aquella profesora. Por ello, sus amigos empezaron a llamarle Pibe en consecuencia genial, y Pibe se quedó el Pibe para el resto de sus días.

Espero que al menos lo felicitaran cuando ganó Argentina.

Diciembre de 2022

Otra temporada salvada
[Mascotas]

No todo fueron desgracias durante el parón de *selesiones*. En este periódico, sin ir más lejos, leí al veterano Álvaro Morata alabar la madurez del jovencísimo Lamine Yamal. Al capitán de la Selección le preguntaron por la joven promesa del fútbol español y del Barcelona. «Tiene dieciséis años y parece que tenga veintiocho. Es alucinante», dijo Morata. Ojalá también conociera mi existencia. Si alucina con Lamine porque aparenta tener doce años más de los que realmente tiene, ¿qué le pasaría conmigo? Yo tengo cuarenta y parece que tenga sesenta y cuatro. ¿Qué soy entonces? ¿Un fenómeno?

Pero a mí nadie me lo valora. Nadie me aplaude por eso. Ni Morata ni nadie que yo conozca. Que aproveche ahora Lamine Yamal, le aconsejo, porque antes de lo que piensa llegará a ese momento crítico en el que dejan de aplaudir la madurez adelantada. Que aproveche Lamine, porque lo bueno pronto se acaba. Mi hijo Álvaro va a cumplir cinco meses y enseguida se emocionan en casa con cualquier chorrada. Hace algo y es «uoh, esto no lo debería hacer hasta los ocho meses, tiene altas capacidades, es superdotado». Es alucinante, que diría Morata. Lo es y lo será hasta que de repente se despierte un día y caminar no sea un logro, sino lo normal, algo nimio, lo que toca. Me pasó a mí, y a ti, le pasará a Álvaro y también en el fútbol a Lamine. Ocurre que un día termina la novedad y lo que antes era conquista aplaudida ahora es tarea obligada.

En todo caso, mi prematura edad avanzada (?) no me impide disfrutar de los grandes momentos de la vida, como los Juegos Olímpicos de mascotas de equipos de fútbol celebrados en Leganés la pasada semana. Tanto es así que si alguien necesita un experto en mascotas en este país, me llama. Eso hizo la colega Lucía Taboada el otro día, para *La Ventana*. Pocas veces me he sentido más halagado. Ese soy yo: edad mental de cuatro años y física de sesenta y cuatro.

El caso es que aproveché la ocasión para trazar una pequeña teoría sobre las mascotas. Nos gustan las mascotas porque tienen lo mejor de las personas y lo mejor de los animales. Esto es importante, porque en el fútbol los hinchas a menudo tenemos lo peor de las personas y lo peor de los animales.

Pero las mascotas, no. Las mascotas de los equipos de fútbol tienen lo mejor de las personas —pueden hacer bizums y controlar sus esfínteres— y lo mejor de los animales —son felices con poco y no han de preocuparse por las consecuencias penales de sus actos—. Todo son ventajas, obvio. Son claramente superiores a los humanos. Seguro que también alucina Morata.

En cambio, yo he de vivir con la carga de poseer lo peor de los adultos —el trabajo y las responsabilidades— y lo peor de los viejos —solo tenéis que mirarme—. Por suerte, los lectores lo saben, me ayudan y me acompañan en el trance. Y menos mal: Albert Valor me envió hace poco la foto que tanto deseaba. A veces el fútbol nos anima con una dádiva inesperada. Es una foto del último Real Sociedad-Barcelona y en ella sale Aihen Muñoz pugnando por el balón con Lamine Yamal. Menudo regalo. Por fin pude tuitear: «Aihen Lamine bailando por ahí» para ser feliz y que alucinara Morata. El concurso de mascotas y esto. Menuda racha. Otra temporada salvada.

Noviembre de 2023

La última
[Esguince de grado uno]

Estaba medio tumbado en la camilla, con el fisio palpando mi tobillo, y de pronto sentí algo que ya pensaba que había perdido. Fue similar a escuchar de nuevo la melodía de la canción favorita de la infancia, o a oler la tierra mojada y pensar que así olía exactamente la calle al salir del instituto en otoño, la calle y la vida. Estaba medio tumbado en la camilla, escuchando al fisio decir «esguince de grado uno», primero, y «ligamento lateral interno», luego, y «ligamento lateral externo», también, observando cómo el hombre forzaba los giros en la articulación y me preguntaba si aquello dolía, y mientras tanto crecía en mí no tanto el dolor sino una estúpida alegría. Era una felicidad sencilla y tibia. Estaba feliz porque me sentía futbolista.

Me estaba sintiendo futbolista como aquel poeta noruego —creo— que también se lesionó y lo convirtió después en poesía. Es un trazo bonito del fútbol: puede sentir lo mismo un poeta noruego —creo— que Enrique Ballester, quién lo diría. Me estaba sintiendo futbolista, como antes, al menos hasta que levantaba la vista y me veía en el espejo de la clínica. Entonces veía a un viejo, o sea yo, eso era lo que veía. Un viejo postrado explicando una noticia.

Que había ido a jugar un partidito a Madrid con la selección española de escritores, llamada La Cervantina, eso decía. Que tenía que recuperarme pronto porque jugamos contra Alemania en Frankfurt en apenas diez días. Que en la primera jugada del partido hice algo bastante inusual —ayudar en defensa— y recuperé una pelota de una forma muy mía, con un solo toque, amagando con ir, dejándola correr y pasándola de tacón con una sonrisita. Que ya se puede afirmar que no haber pedido el cambio justo entonces, para abandonar el fútbol en todo lo alto, es el mayor error de mi carrera, una enorme oportunidad perdida.

Que seguí en el campo y me lesioné enseguida. Que pisé mal y se me fue el tobillo, y seguí jugando, aunque dolía. Que quizá seguí jugando por lo mismo, porque me sentía futbolista, porque cuántas pachangas nos quedan por jugar a partir de cierta edad, a partir de la mía. Porque los que juegan por rutina todavía son fuertes y jóvenes y todo esto ni lo imaginan, pero un día echarán de menos hasta las camillas.

▼ Cuando por la noche se hinchó el tobillo y no podía rozarlo con nada, enseguida pensé: «Estoy acabado, pero esto tiene pinta de material para la columnita». Cuando tuve que reptar por la habitación del hotel, porque no podía ni andar, y me vi reflejado en la puerta del baño, pensé lo mismo: «Soy patético, pero esto tiene pinta de material para la columnita». Y cuando llegué en taxi a la puerta del Instituto Cervantes, ya por la tarde, y el taxi se detuvo y los de atrás empezaron a pitar y a insultar mientras crecía el atasco, y solo se cortaron un poco cuando me vieron salir con muletas y el taxista se encaró con ellos, pensé lo mismo: «Igual me pegan ahora, porque voy muy lento cruzando la calle, pero si me pegan mejoraría bastante la columnita».

A veces pienso que solo salgo de casa para que me pasen cosas que luego pueda contar en esta columnita. Casi siempre pienso también que la siguiente pachanga va a ser la última, y cada vez está más cerca ese día. El último caño, la última pared y el último control orientado. El último «toco y me voy», el último «solo» y el último gol. La última pachanga, la tuya y la mía. Algo se romperá ese día.

Octubre de 2022

Mejor nos vamos retirando
[Vaya periodista]

A estas alturas febriles de la temporada siempre hay alguien que dice: «A mí ahora ya me da igual cómo se juegue y todo eso, yo lo que quiero es ganar», y te lo cuenta como si fuera algo de veras singular. Te lo cuenta como si queriendo eso estuviera demostrando que no es como los demás. Por lo visto, los demás estamos deseando perder, los demás no queremos ganar. Me recuerdan un poco a esa gente que al aparecer una cucaracha en cualquier parte dice: «qué asco me dan las cucarachas», exactamente igual que el tipo que quiere ganar o al que no le gusta madrugar, sintiéndose especial. Porque a los demás nos encantan las cucarachas, nos resultan muy agradables a la vista las cucarachas, tenemos mascotas cucarachas, les ponemos nombre de persona y acariciamos el lomo a las cucarachas.

En fin.

La semana pasada, el domingo por la mañana, estaba viendo el San Fernando-Ibiza de Primera Federación tirado en el sofá (respetad mis más oscuros vicios como yo respeto vuestras luminosas adicciones) y se acercó mi hijo. Teo se sentó a mi vera y, como suele, me trituró a preguntas sobre el pasado, el presente y el futuro de ambas instituciones. Quería saber cómo iban clasificados, cuál era la primera equipación del visitante y cómo habían quedado en los partidos de Liga contra el Castellón, que es el equipo que le interesa. Lo contesté todo con una paciencia admirable y fui tan correcto que llegué a pensar que estaba en juego una medalla al mejor padre. Lógicamente satisfecho, Teo se fue por donde había venido y siguió por ahí con sus movidas, en otra habitación, sean cuales sean las movidas propias de un niño de siete años. Al rato, sin embargo, mi hijo volvió con una última pregunta. Por lo que fuera, necesitaba saber cómo había quedado el Ibiza-San Fernando de la primera vuelta. Admití que no lo sabía y exclamó: «¡Vaya periodista!».

En fin, otra vez.

Primero me hizo bastante gracia, pero luego lo pensé mejor, y no tanto. Visualicé un futuro nada imposible, porque como pequeño hincha que es, algo habrá ahí germinando en sus entrañas. Comencé a calcular cuántos años faltan para que mi hijo me insulte en Twitter por algún artículo que no le haya gustado, y no son muchos. Dispondrá además de información privilegiada para hacer daño. Por si fuera poco, seguro que para reforzar sus argumentos sacará a relucir el carnet de abonado que yo mismo le estoy pagando. Cuando en el cole le pregunten a qué me dedico dirá «Mi padre trabaja en el panfleto ese que solo sirve para no pisar lo fregado». Cuando llegue al instituto, Teo liderará manifestaciones que pasarán junto al periódico al grito de «periodistas, terroristas», y pedirá llevar el megáfono para no parecer tibio y sentirse integrado. Nos cruzaremos en los alrededores del estadio y girará la vista hacia otro lado. Al mínimo fallo, me acusará de manipulador, de desestabilizador y de estar a sueldo del amo. Mi propios amigos le darán «me gustas» y yo recordaré, derrotado, que todo empezó por no saber que el 3 de enero del 2024 el Ibiza superó por tres goles a dos al San Fernando.

En fin, mejor nos vamos retirando.

Abril de 2024

El Imperio romano
[Menudo equipazo]

Lo primero que hago cada día al despertar es mirar si los cataríes han devuelto ya el Mundial. Deben de estar a punto, deben de estar eligiendo las palabras exactas, porque después de tres derrotas en tres partidos motivos no les faltan: pueden decir que prácticamente no lo han estrenado y que esto del Mundial no era lo que esperaban, pueden llamar a la FIFA y decir: «Oigan, que lo hemos pensado mejor, que por las tardes nos viene fatal, que pensábamos que esto nos iba a gustar más, os devolvemos el Mundial porque está casi nuevo y aún estamos en plazo, y encima nos habéis pillado con lo de los derechos humanos, que creíamos que no os ibais a dar cuenta, que nos habían dicho que los del fútbol erais los más tontos, pero ahora resulta que estamos eliminados y nos habéis cazado, todo mal: nos volvemos al motor, al atletismo, al ciclismo o al balonmano, que con eso no se queja casi nadie, nos volvemos a lo de invertir en multinacionales, a lo de hacer negocios con vuestros gobiernos, que con eso no pasa nada, pero lo del fútbol ni de lejos, con el Mundial de fútbol nos habéis timado, que encima tenemos aquí ahora a un montón de argentinos que se están poniendo superpesados».

A ver ahora qué hacen allí con el Mundial, los de Catar: hemos de admitir que los del fútbol somos los típicos que se acaba una fiesta en casa ajena y ahí seguimos pidiendo la última, sin darnos por aludidos, somos ese tipo insufrible de invitado. España de momento ahí aguanta, y yo también en mi casa, yo contento por haber evitado a Croacia en los octavos, y en el próximo párrafo voy a intentar argumentarlo.

Igual nos elimina Marruecos*, soy consciente del peligro, pero pase lo que pase hemos salido ganando. Al eludir a Croacia esquivamos uno de los mayores peligros futbolísticos de nuestro tiempo: escuchar las palabras «antigua Yugoslavia». Porque si estás viendo un partido de Serbia o de Croacia y escuchas a alguien suspirar, ponte a temblar. Si ves que va a abrir la boca ponte en lo peor porque lo siguiente será escuchar: «Si aún existiese la antigua Yugoslavia, menudo equipazo tendría ahora Yugoslavia». Que digo yo que en algún momento esto lo tendremos que superar, que han pasado más de dos décadas ya. O pasamos página o, puestos a imaginar, miramos más allá. Porque, si lo piensas, «menudo equipazo tendría el Imperio austrohúngaro, la verdad, si aún existiese el Imperio austrohúngaro, menudo equipazo», esto deberíamos contestar, pero no lo verás en los medios porque esto no interesa, de esto no se habla ya en la prensa, nos lo quieren ocultar.

Imaginad aquí si aún existiera el Imperio romano y nuestra selección fuera esa: el Imperio romano. No quiero ni pensarlo. Las polémicas y las discusiones que habría en cada convocatoria, las rencillas internas, los agravios comparativos entre regiones o los análisis geopolíticos sobre el derbi a vida o muerte con el Imperio romano de Oriente. Sería tanto jaleo que me da hasta pereza pensarlo. La parte buena, la única que se me ocurre, es que sería mucho más sencillo clasificarse para el Mundial porque habría menos equipos intentándolo, pero no sé si esto llegaría a compensarlo. Los argentinos

* Así fue.

nos humillarían con sus cánticos porque tiene rima fácil el Imperio romano, aunque eso sí: «Si aún existiese el Imperio romano, menudo equipazo tendría ahora el Imperio romano». Eso no podemos negarlo.

Diciembre de 2022

Ahora di lo malo
[Nos complementamos]

Leí el otro día unas recientes confesiones de Fabio Capello. El entrenador italiano explicó que Silvio Berlusconi, presidente del Milan, le preguntó si debía fichar o no a Ronaldo, que estaba entonces en el Real Madrid bajo su mando. Era el año 2007 y Capello le dijo que no, que el brasileño abusaba de la fiesta y solo pensaba en las mujeres. Con estas referencias, lógicamente, Berlusconi no tuvo otra opción: el Milan fichó a Ronaldo al día siguiente.

Porque vamos a ver, se trataba de Berlusconi, el de las *bunga bunga parties* y todo eso; en fin, Berlusconi. Al escuchar a Capello hablar sobre Ronaldo debió pensar «ahora di lo malo» (lo explico por si sois jóvenes, o algo).

Con frecuencia, lo que es malo para alguien es bueno para otra persona. Recuerdo, en mis últimos años de fútbol, estar hablando con un compañero en el vestuario y comentarle que estaba pensando en dejarlo. «En los entrenamientos no hacemos nada», le dije, desmotivado. «Pero si eso es lo mejor», me contestó. Lo que es malo para alguien es bueno para otra persona: ahora mi hija se deja siempre los bordes de las pizzas y yo me como los míos y los suyos. Nos complementamos.

En todo caso, y al hilo de las palabras del ya veterano Capello, no hay nada como entrevistar a alguien que está de vuelta. En el fútbol, y en casi todo, solo con el paso del tiempo alcanzamos la verdadera historia. Mientras suceden los hechos nadie es de veras libre y cada frase se mide tanto que nos movemos en los márgenes de un relato que a menudo bordea la ficción. Necesitamos construir una lógica ordenada que reparta personajes, fragmente entre héroes y villanos y mantenga viva la inocencia del aficionado. Esto último, sobre todo (lo explico también por si sois jóvenes).

Me ha ocurrido, alguna vez, estirar una sobremesa con señores que fueron futbolistas cuando yo era niño, escuchar sus anécdotas muy divertidas y poco profesionales, y que la risa se me congelara. Me dolía un poco porque sentía que el fútbol que había idealizado durante tanto tiempo se desmoronaba, y pensaba: «Joder, estos no saben, o ni siquiera han pensado jamás, que mientras hacían todo eso yo era un niño (la infancia en el fútbol dura décadas porque es un estado mental) que delegaba en ellos toda mi fe, que creía de verdad con todas mis fuerzas, que llenaba mis libretas con sus alineaciones y que me acostaba cada sábado pensando en su partido del día siguiente, y en sus posibles grandes jugadas». Yo era un niño como tantos otros niños que en realidad no sabíamos nada. Y ellos estaban a lo que estaban.

Y era mejor no saber nada, quizá. Y sería mejor seguir sin saber nada, a lo mejor, a ratos. Lo pensaba un poco y luego se me pasaba.

Sea como sea, leí también a Capello quejarse de que Antonio Cassano pedía patatas fritas antes de los partidos. Sinceramente, no me parece lo peor que pudiera hacer Cassano durante aquellos años (y si sois jóvenes buscáis quién es Cassano, que ya me he cansado). Patatas fritas, por favor, vamos a calmarnos, que lo que es malo para alguien es bueno para otra persona. Ahora mi hija se come la hamburguesa, se deja siempre un puñado de patatas fritas y yo me como las mías y las suyas. Nos complementamos.

Octubre de 2023

Ovación, manteo y colleja
[Un ritual]

Encaramos fechas de reuniones navideñas y celebraciones diversas. En el vestuario del Athletic de Bilbao, días atrás, celebraron a lo grande la renovación de Nico Williams. Para ello emplearon una fórmula que me gustaría destacar: ovación, manteo y colleja. Creo que leí en la Agencia Efe la secuencia completa. Williams se llevó primero la ovación de sus compañeros por su nuevo y esperado contrato, luego lo mantearon y por último su hermano Iñaki le pegó una colleja. Un poco de todo. Un ritual justo, racional y equilibrado. Acción y reacción. Cariño y firmeza.

Me gustó la fórmula, lo confieso. Ovación, manteo y colleja. En la sencillez radica su grandeza. De hecho, propongo que a partir de ahora la adoptemos todos en nuestras fiestas. Propongo que alumbremos una nueva tradición. La tradición familiar de la ovación, el manteo y la colleja.

Por ejemplo, en la cena de Nochebuena, cuando suena el timbre y asoma la abuela por la puerta. ¿Cómo demostrar nuestros respetos? Muy fácil: ovación, manteo y colleja. O cuando salen los novios de la iglesia, también: ovación, manteo y colleja. Cuando nace un bebé, en el paritorio y durante las primeras visitas: ovación, manteo y colleja. Cuando llega el protagonista a un cumpleaños sorpresa: nada mejor que ovación, manteo y colleja. Cuando en el Congreso de los Diputados eligen presidente del Gobierno, igual: ovación, manteo y colleja. En poco tiempo, en el extranjero nos conocerían por esta receta. ¿España? El país de los toros y el flamenco, la paella y la sangría, el sol y la siesta, y la ovación, el manteo y la colleja. Los turistas pagarían fortunas por vivir la experiencia. Todos tendríamos un primo trabajando de pegador de collejas. Salvaremos la hostelería incluyendo en el menú del día las ovaciones, los manteos y las collejas.

Ya paro, pero que conste: es una fórmula perfecta.

El renovado Nico Williams, a todo esto, es muy bueno. Antes ya lo era, pero ahora es todavía mejor, porque está en el camino de superar el corsé de la etiqueta de extremo. Está en el proceso de romper en jugadorazo, ya sea por fuera o por dentro, por la derecha o por la izquierda. Está en pleno tránsito de dejar de hacer jugadas y empezar a ganar partidos en serio. Nico Williams está en el camino de minimizar los «uys» y multiplicar los «gol». Ser todavía mejor. Ojalá un día celebren un gol con ovación, manteo y colleja.

En los campos de fútbol sucede algo extraño con los casi goles, por cierto. Por lo general, la gente se alegra demasiado con los «uys», sobre todo si el partido va 1-0. Mi equipo falla una ocasión de gol y la gente grita «uyyy», aplaude y comenta la jugada entre risas y colegueo, como si el partido ya estuviera ganado, y yo no lo entiendo. A mí los «uys» no me dan risa, a no ser que vayamos ganando 5-0. A mí los «uys» festivos me desesperan. Nadie actúa de este modo con los casi triples en baloncesto. Asumo que si mi equipo falla una ocasión de gol, no estoy más cerca de la victoria y de la felicidad, sino más lejos. Aún no ha terminado de sonar el «uyyy» y ya estoy pensando que al final del partido nos acordaremos de esa. Cualquier día ocurrirá una desgracia: me veréis por la grada repartiendo collejas.

Diciembre de 2023

Las sensaciones
[Siéntelas]

El verano es en el fútbol el gran momento de las sensaciones. Todos los jugadores y todos los entrenadores de todas las categorías coinciden: en los entrenamientos y en los partidos de pretemporada «son positivas las sensaciones». De un tiempo a esta parte, además, el fenómeno ha contagiado a los seguidores. No hay verano sin enamoramiento ni aficionado sin sensaciones. Por la calle te preguntan qué sensaciones te da el equipo. Por la calle quieren saber si son buenas o malas las sensaciones con los fichajes. Todas esas veces que no sabes si tienes hambre o estás aburrido, en realidad ocurre que están germinando en ti las famosas sensaciones.

Las clasificaciones de las primeras jornadas de la Liga están por lo tanto incompletas y nos ocultan lo más importante, y eso que yo no suelo creer en conspiraciones. Nos enseñan los puntos, las victorias y los goles, pero no veo nunca la casilla de las sensaciones y los hinchas entonces no saben muy bien a qué atenerse, y están aturdidos, porque también lo dicen los entrenadores: a estas alturas del curso no importan tanto los resultados sino las sensaciones.

Yo a veces me tumbo en la cama a oscuras y a solas e intento concentrarme. Cierro los ojos, me masajeo el cráneo y trato de visualizar mis sensaciones. Me digo «Enrique, siéntelas, ¿acaso no tienes sentimientos? ¿Acaso te pellizcan y no te duele? ¿Acaso no te importa ya tu equipo? Rompe tu coraza, abre tu corazón y siente las sensaciones. ¡Siente algo!

Es fútbol y es verano y todo el mundo tiene sensaciones». Pero yo no. Un fracaso grande, como ser humano, como hincha y como padre. Una tara más que añadir al curriculum vitae.

Aun así pienso que es mejor no tener sensaciones de ningún tipo que tenerlas malas. En el colegio, una vez, mi amigo Jesús empezó a salir con una chica a la hora del recreo, pero después a la hora de comer le dolía la tripa y concluyó que el dolor nacía del hecho de tener novia, así que por la tarde se acercó a la chica y le dijo gracias pero no, que se lo había pensado mejor, que le dolía la tripa y que ya no quería novia. Los demás entonces no entendimos nada, pero ahora lo comprendo todo gracias al fútbol y a los entrenadores. Ahora lo veo claro. Eso fueron malas sensaciones.

Mis sensaciones son ahora diferentes. Salgo el último viernes de agosto y siento que no volveré a salir hasta diciembre. Esas son ahora mis sensaciones, aunque a mí lo que me gustaría sentir es algo diferente. Por seguir en el colegio: cuando cogías la pelota en el partidito, parabas una décima de segundo y sentías que eras el mejor, que no te la podía quitar nadie. ¿Cómo se vuelve a sentir eso? Eso sí que eran sensaciones. Eso que sentíamos los zurditos en el patio y Napoleón Bonaparte.

Ahora, de vez en cuando, veo a algún futbolista que alcanza esa medalla etérea de mariscal, que flota sobre el verde aparentemente intocable. No pasa con muchos y si pasa es que hablamos de algo grande. Pasa con Modrić, con Pedri o con tipos del molde Canales cuando tienen la tarde. Desprenden la actitud del que va a un puesto de la feria y sabe que conseguirá el premio del peluche sin despeinarse, no como los demás que al final ni jugamos por temor al ridículo y al desastre. ¿Cómo se conserva esa actitud? Solo ellos lo saben. Los demás somos mortales.

Agosto de 2022

Fan, pero no mucho
[Qué casualidad]

El sábado tuve la suerte de volver a jugar con La Cervantina, la selección de fútbol de escritores, con la excusa de la Feria del Libro de Madrid y contra nuestros colegas del combinado alemán. Antes del partido, mi amigo Javier Machicado me dijo que vendría a verme, pero luego no apareció por el campo de La Chopera. Al terminar nuestro victorioso partido, me senté en el vestuario y leí sus mensajes: Machicado no había venido porque las previsiones decían que podía llover. Es decir, quería venir, pero no tanto como para asumir el riesgo de mojarse o para llevar un paraguas toda la tarde, y he de admitir que estoy bastante a favor de lo que hizo. Es «fan, pero no mucho»: me parece un concepto sanísimo.

Como si lo hubiera guionizado yo, la semana deportiva empezó con otro ejemplo parecido. Un aficionado del Real Madrid preparó una pancarta para despedir a Karim Benzema. Seguro que las intenciones de este hombre eran buenísimas, pero lo viral se centró en un pequeño error. Resulta que en lugar de «Gracias, Karim» escribió «Gracias, Carim», y nos hizo gracia porque somos así. Vale que Benzema ha estado catorce temporadas en el Madrid, tiempo suficiente para aprender a escribir su nombre, pero no es menos cierto que este aficionado escribió once letras bien y solo una mal, y justo nos fijamos en esa, qué casualidad.

No era justo, pero fue así y la pancarta fallida salió hasta en la tele nacional. Yo estoy de parte de este hombre y le ofrezco mi hombro para llorar: lo suficientemente fan de Benzema para preparar una pancarta cuando se va, pero no tanto como para preocuparse de si se escribe con «c» o con «k».

«Fan, pero no mucho», insisto. La actitud ideal, aunque solo sea por salud mental.

Sé que a menudo no es fácil y he tardado décadas en darme cuenta, pero recomiendo e intento actuar así siempre que se pueda. En el trabajo: «fan, pero no mucho», que de algo hay que comer pero la empresa no la vamos a heredar, que yo sepa. Y con tu equipo: «fan, pero no mucho», que preferimos ganar, por supuesto, pero al final todos vienen y van y termina una temporada y el mundo nunca se acaba, aunque lo parezca. Pase lo que pase, termina una temporada y la siguiente enseguida empieza.

Con los estilos de juego en el fútbol, este lema del «fan, pero no mucho» funciona con una precisión similar. Durante el descanso del partido de La Cervantina, al que llegamos perdiendo por la mínima, hablamos de salir en la segunda parte jugando a nuestra manera: enlazando controles y pases con calma, esmero y paciencia. Empezamos así, supermodélicos, ordenados y abrazados al manual, pero luego remontamos a base de colgar a la olla cualquier falta en campo contrario y enviar balones largos al bueno, y que el bueno corriera.

A todos nos pareció estupendo, faltaría más, a mí el primero. Yo estaba jugando y pensé «esto me suena». Y aunque me faltaba el oxígeno, lo pude comentar con algún compañero. Pensé: «Esto es eso de leer un partido en la previa, ver uno distinto en el campo y escuchar otro en la rueda de prensa». La famosa realidad paralela de las ruedas de prensa. Ese invento.

El pragmatismo suele vencer a la coherencia. La coherencia incluye cadenas. Las cadenas no son buenas.

Mayo de 2023

De entrada, no
[Decidir]

Hace poco me vi en el brete de aceptar o no una propuesta de cambio. Aceptar o quejarme. La decisión implicaba variaciones laborales, personales y familiares. En estos casos, me suelo preguntar qué hacen los demás. ¿Tenéis la suficiente confianza con alguien para pedir, escuchar y valorar su consejo? ¿Lo hacéis en casa con vuestra pareja o vuestros padres? ¿Le preguntáis a Mateu Alemany? ¿Lo consultáis con el horóscopo o la Pachamama? ¿Abrazáis árboles? Nunca sé qué hacer y ya no creo que aprenda a comportarme. Por lo general, primero dejo que la realidad decida por mí y luego me convenzo a mí mismo para adaptarme. En ocasiones es todo incluso más casual, como esta vez, la otra tarde.

La respuesta que necesitaba la encontré en una serie. Así ha evolucionado la humanidad: antes tiraban de oráculo y ahora encendemos la tele. Empecé a ver *Ted Lasso*, al fin, después de muchas recomendaciones. Es divertida: trata sobre un peculiar entrenador de fútbol americano que ficha por un equipo inglés de fútbol del nuestro, sin saber apenas del nuevo deporte. Durante el viaje, mientras en el avión duda su asistente, Lasso le dice: «Oye, aceptar un reto es como montar a caballo, ¿no? Si estás cómodo al montarlo, es que lo montas mal».

Si por mí fuera, no me acercaría a ningún caballo. Mi ambición cabe en un cubito de hielo. Oteo cada cambio como un meteorito que se aproxima para machacarme. Lo entiendo más claramente con el fútbol. Cualquier cambio de reglamento me produce la misma respuesta refleja: gracias pero no lo quiero. De entrada, no. Estoy bien como estoy. Por si acaso, no lo quiero. Si por mí fuera, y respecto al fútbol que conocí de niño, no existiría la cesión al portero, seguiría contando en cualquier eliminatoria el gol a domicilio en caso de empate y la Recopa todavía sería un trofeo.

Este razonamiento común es tan pueril como absurdo, porque el fútbol que conocimos, sea cual sea nuestra edad, ya era diferente al que conocieron nuestros padres y nuestros abuelos. Lo difícil es saber qué cambios nos convienen. Lo difícil es acertar en el largo plazo. En el corto, todo tiene sus ventajas y sus inconvenientes. Como sacar la pelota jugada sin dar un pelotazo. Lo difícil es medir en la balanza el riesgo y la recompensa.

Este lunes, por ejemplo, también me cambian de mesa en el trabajo. La que tengo hasta ahora me gusta bastante: me gusta la compañía y me gusta tener la pared a mi espalda y las puertas de cara. Así, si viene alguien a pegarme, puedo verlo de lejos. Así me da tiempo a huir y salir ileso. Así los jefes no ven mi pantalla, es básico esto. En mi nueva mesa, en cambio, mi pantalla será visible para el resto. Además estaré junto a la tele, así que cuando se acerquen todos para ver la repetición de un gol, verán también cómo me estoy quedando calvo porque yo estaré sentado y ellos apreciarán desde arriba mi falta superior de pelo. Es un asunto serio, pero mi nueva mesa también tiene sus premios: el pasillo queda a mi derecha, por lo que me verán más guapo porque les daré mi perfil bueno.

Si fuera futbolista y me propusieran cambiar de club al límite del mercado, en el último momento, decidir sería un tormento. Elegir bien esos movimientos es tan importante en una carrera como ser malo, regular o bueno. Elegir bien en una edad crucial es a menudo la diferencia entre acabar en el salón de la fama o en la liga turca —por favor, sin chistes sobre el pelo—. Pensarlo me sirve casi de consuelo. Algo positivo de no ser futbolista: no tengo que decidir eso.

Febrero de 2023

La pelotita
[Trampas]

Cuando eres joven te da igual, pero a partir de cierta edad conviene elegir correctamente en qué asuntos debemos gastar nuestra menguante y ya escasa energía. A partir de cierta edad no existe nada más importante que esto. Amigo, date cuenta: hay que ser un poco Leo Messi durante la pasada temporada y asumir que toca centrarse en siete partidos de la Copa del Mundo, en lo sustancial y nada más, y entender que lo demás solo es folclore, migajas y fantasía.

Ahora lo veo claro, pero cuando eres joven es distinto. Cuando eres joven te sobra el tiempo y te sobra algo más peligroso todavía: te sobran las ganas de tener razón, esa inmensa tontería. Con la energía que malgasté discutiendo por ahí sobre Cesc Fàbregas, Guti o Djalminha podría haber fundado un imperio, aunque fuera pequeño. Podría ser ahora emperador, pero no. Me centré en discutir sobre cualquiera y ahora soy un simple columnista.

Además, tan importante es sobre qué discutes como con quién. Un aspecto vital es saber quién merece nuestra atención en la pugna, sobre todo porque en materia futbolística cualquiera se apunta. Por suerte, en el trabajo hemos desarrollado un método infalible para distinguir al farsante del auténtico. Como siempre, estoy aquí para compartirlo y llevarme todo el mérito.

Todo empezó en una visita de los Reyes Magos, que dejaron juguetes para los hijos de los empleados. [Imaginad lo bien que nos portamos]. El caso es que Aitor aprovechó para agenciarse una pelota de fútbol y ahora la guarda siempre bajo la mesa. Todos los días le veo pisándola cuando paso cerca, y todas las noches, cuando me toca trabajar en el cierre y se ha ido, se la robo, doy unos toquecitos para impresionar al personal, tiro paredes con las mesas y caños a las sillas y juego a meterla en las papeleras con mi zurdita.

Pero el tema no es este. El tema es que el otro día se nos ocurrió dar una nueva utilidad a la pelota de Aitor, a modo de experimento sociológico. ¿Cómo saber quién merece nuestra atención cuando hablamos de fútbol? Muy fácil: a media tarde, Miqui y yo dejamos la pelota en mitad del pasillo, en una posición casual pero evidente, y observamos qué hacen aquellos que pasan por ahí y se la encuentran de frente. Todos aquellos que pasan junto a la pelota y no hacen un amago, un pase o un regatito quedan automáticamente excluidos. A esos no les gusta el fútbol. Y da igual lo que después hagan o digan. La pelota no engaña. El fútbol no les pertenece y su opinión futbolística queda invalidada para toda la vida.

Con esos ya sabemos que no hay que malgastar energía. Si quieren decir algo de algún partido, que lo digan. Si quieren criticar a nuestro futbolista favorito, que lo critiquen. Les daremos la razón y no discutiremos. Guardaremos nuestras reservas para nuestra particular Copa del Mundo, que llegará algún día.

Cuando eres joven también te da igual, pero a partir de cierta edad conviene elegir correctamente en qué noches debemos gastar nuestra menguante y ya escasa energía. Cuando eres joven te sobra el tiempo y te sobran los guías. Con la energía que malgasté siguiendo ruedas equivocadas, más allá de la madrugada, podría haber fundado un imperio. Es decir, ahora podría tener dos imperios, uno conquistado y otro originalmente mío, pero no. No sé muy bien qué pasó, pero aquí estoy. Ahora pongo trampas con una pelotita.

Noviembre de 2023

Los Susodichos
[Algo de misterio y mucha sensibilidad]

Siempre que puedo veo los partidos del Sevilla, sobre todo porque me gusta mucho Suso. Soy fan de Suso, y no solo porque sea el típico zurdito-mediapuntita-jugón que me hubiese gustado ser. También soy fan de Suso porque cada vez que lo nombran en la televisión me acuerdo del grupo de música de otro Suso, en este caso el profesor canallita de la serie *Compañeros*, y eso me hace feliz.

Una genialidad de nombre tenía el grupo: Suso y los Susodichos.

De hecho, a partir de ahora pienso referirme al Sevilla Fútbol Club como Suso y los Susodichos. El jueves, Suso marcó un golazo que abrió la puerta a la remontada contra la Juventus en las semifinales de la Europa League. Acto seguido, procedí a enviar un escueto pero ya clásico y contundente mensaje al grueso de mis amigos futboleros: «¡Qué bueno es Suso!».

Esto es algo que suelo hacer sin ningún tipo de vergüenza. Manejo una serie de futbolistas de los que solo hablo cuando juegan bien (de Suso a Iván Martín pasando por Canales, Rodrigo Riquelme u Oihan Sancet).

Son mi grupito de protegidos. Suso puede estar meses sin jugar, lesionado o lo que sea, y salir un día contra el megacolista Elche (que encima estaba en inferioridad numérica, porque esto ocurrió de verdad hace casi cuatro meses) y hacer una picadita preciosa que termina en gol y yo atacar por WhatsApp con el «¡Qué bueno es Suso!», con sabroso oportunismo, orgullo ventajista y tremenda desfachatez.

¿Y qué? Estoy en mi derecho. Creo que lo pone en la Constitución. Todos tenemos derecho a disponer de un grupito de futbolistas fetiche con los que tener siempre la razón. Podríamos llamarlos Los Susodichos, ahora que lo pienso. Si juegan mal, se nos permite mirar hacia otro lado y hacer como si no existieran. Si juegan bien, es el momento de cobrar deudas y demostrar cuánto sabemos de la vida y del balompié.

El partidazo de Suso y los Susodichos nos dejó también un par de escenas asombrosas. El mismo árbitro que pitó uno de los célebres penaltitos a Argentina en el Mundial (a veces me pregunto qué pensaremos dentro de unas décadas de lo que pasó en Catar) obvió dos de los penaltis más claros de toda la temporada.

Tampoco le ayudó el VAR, pero debe de ser la nueva normalidad: ahora tienes que correr con los brazos en la espalda por si te da el balón de casualidad, pero puedes juntarlos para acunar la pelota en un control. El deporte antes conocido como fútbol nos quiere envenenar.

No llorar por los árbitros es una de las cosas más difíciles en el fútbol porque todos guardamos una serie de afrentas en un rincón preferente de la memoria. Es tentador. Sucede algo similar a lo que ocurre con Los Susodichos. Si el error nos favorece miramos hacia otro lado, pero si nos perjudica enviamos mensaje. Lo recomendable en estos casos es hacer lo que hizo Suso, ganar pese a todo, porque en realidad Suso es muy bueno, que no sé si os lo he dicho.

Ganar en Europa exige saber convivir con las injusticias y superar las adversidades. También lo vimos en *Compañeros*, cuando expulsan a Valle del colegio por culpa del profesor

Olmedo, que era un imbécil. Es increíble lo que aprendimos con esa serie.

En la primera temporada, el aún novato Quimi pregunta a un chaval cuál es el secreto para ligar y la memorable respuesta te la firman ahora al unísono en Sevilla y en el City de Guardiola: «Algo de misterio y mucha sensibilidad». La fórmula letal. No se puede mejorar.

Mayo de 2023

El fútbol de la calle
[En el aire]

De vez en cuando me toca ir a mi antigua universidad y una pregunta me asalta la mente. No recuerdo muy bien a qué me dediqué durante todos aquellos años de «estudiante». Han pasado un par de décadas y algo creo recordar, pero tengo lagunas considerables. ¿Qué estaba haciendo yo entonces exactamente? Si no tenía hijos ni trabajos ni apenas responsabilidades, ¿a qué dedicaba mi tiempo? Me suena algo sobre escribir en foros de internet, arrastrarme por ligas de futbito y ver en Paramount las primeras horas chanantes.

Mi mujer suele referirse a aquella época con las palabras «cuando éramos novios», y puede decirse que esa era mi dedicación principal, ser novio, porque tampoco iba a clase. Fue sin duda una época tendente a las locuras y los disparates. Me dejé flequillo, por ejemplo. Leí algo de poesía, me compré una bufanda y visité exposiciones y galerías de arte. Me parece que aparqué un poco lo del fútbol, incluso, y quizá llegué a verbalizar que no era tan importante. Ahora lo pienso y fueron años chungos: años de perderme un partido de la Champions por ir a un concierto de un tipo que tocaba el ukelele. Años bordeando el abismo. No sé cómo, pero pude salir de aquello a tiempo, por suerte.

De vez en cuando me toca ir a mi antigua universidad porque han construido unos campos de fútbol y mi hijo entrena allí todos los miércoles. Teo se lo pasa genial, pero cuando sea mayor no podrá decir que es un futbolista de calle —aunque el otro día se partiera la ceja contra un poste— y todo por culpa de los entrenamientos universitarios de los miércoles. Ahí debo reconocer que estoy fallando como padre: lo correcto sería darle una navajilla, comprarle un cartón de tabaco y dejarlo abandonado con una pelota en un parque.

▼ Desde que marcara dos goles al Barcelona, Bryan Zaragoza es el nuevo estandarte del fútbol «auténtico», el que no se enseña en escuelas ni universidades: el fútbol de la calle. Los expertos explican su juego de quiebros y amagues diciendo que lo aprendió en la calle. Por lo visto, esa es ahora la clave del éxito, y vale, pero qué pasa con los que jugaban con Bryan Zaragoza en la calle y no han conseguido ser futbolistas de élite. ¿Esos no aprendieron en la calle el fútbol de la calle? Lo dejo en el aire.

Al novísimo internacional Bryan Zaragoza se le presenta como el último de una estirpe. El futbolista del Granada es un exótico elemento en extinción, porque —repetid conmigo— «ya no hay niños que jueguen en la calle». La primera vez que escuché que «los niños ya no juegan al fútbol en la calle» Bryan Zaragoza no había nacido. Lo dejo también en el aire.

Como sea, visualizo una idea de jugoso negocio que comparto por aquí, porque os quiero más que a nadie. Ya tardan las academias de fútbol en ofertar un curso especializado en el genuino fútbol de la calle. Regatear a chavales que crucen el campo con patinetes eléctricos, tratar de marcar gol sin dar con el balón a abuelos despistados y paseantes y driblar mierdas de perro en lugar de conos de plástico serán algunas de las primeras actividades. Es lo último que dejo —por hoy— en el aire.

Octubre de 2023

Ya quedaremos
[En septiembre]

Es una temporada interesante para la gente como yo, que arrastro tareas vitales pendientes desde el año 2002. Como tengo vacaciones en la segunda quincena de septiembre, he pasado el verano acumulando citas para esos días. Sin duda, he pronunciado las palabras «ya te digo algo en septiembre y quedamos un día» por encima de mis posibilidades, porque seguro que llegan esas semanas y me apetecerá lo de siempre: estar con mis hijos, no hacer nada o ver partidos. El asunto se complica todavía más porque he prometido cafés, comidas y cenas en varias ciudades de un par de países, debo leer no sé cuántos libros y ver un millón de series imprescindibles y además, para esa quincena mágica que ya vislumbro en el horizonte con falsos pensamientos felices, tengo una pila de correos que contestar, muebles que comprar, facturas que revisar y ese tipo de labores-termitas que nos van carcomiendo la ilusión por la vida.

Por si fuera poco todo esto, para la quincena del «ya quedaremos» he dejado también mi vuelta a los terrenos de juego, porque me he comprometido a jugar un par de pachangas de fútbol y tendré que ser capaz de correr durante al menos diez minutos para suavizar un poco el ridículo. Es triste pero es real: cuando era niño y me metía en la cama fantaseaba con golazos por la escuadra y jugadas increíbles, y ahora cuando me acuesto sueño con lesiones leves pero suficientes para no seguir jugando, con rendijas para pedir el cambio a tiempo y salir del campo de una manera digna, antes de que el daño sea irreversible.

Mientras llegan esos días, el simple pensamiento de saber que me espera una quincena de descanso me sirve de oasis para afrontar la rutina, y aún mejor, saber que después estará el Mundial de fútbol a la vuelta de la esquina me vale también de vitamina. Por eso decía lo de la temporada interesante: cuando nos demos cuenta asoma en noviembre el Mundial y en un abrir y cerrar de ojos ya es Navidad. Ánimo, el curso ya está casi hecho: en cuanto nos descuidemos son las semifinales de la Champions y luego otra vez las vacaciones de verano, —y podré decir de nuevo a la gente que ya quedaremos en septiembre—, y enseguida un año menos para la jubilación, el único objetivo de importancia en esta vida.

Es también una temporada interesante para despejar responsabilidades: no parece que estas primeras catorce jornadas de Liga, antes del parón por el Mundial, sean de veras superimportantes. Pase lo que pase, todo objetivo será posible cuando acabe el Mundial, empiece el año 2023 y nos volvamos a autoengañar con cambiar de vida. Tengo la impresión de que ni el drama ni el júbilo que envuelve ahora a algunos equipos es en realidad un diagnóstico definitivo, sino como mucho un síntoma que sirve para ser feliz o triste durante el camino, —que no es poca cosa, para empezar, eso también lo digo—. Yo recuerdo más o menos así los cursos universitarios, época en la que comencé a acumular las tareas vitales pendientes que aún me persiguen. La universidad como la Liga: todo lo que pase antes de Navidad apenas importa, porque es reversible todavía.

Una temporada interesante: ya quedaremos, ya estudiaremos, ya ganaremos.

Septiembre de 2022

El despertador
[El centro]

Hoy no ha sonado el despertador. Habrá sido por mi culpa y no me voy a quejar porque contra las máquinas no se puede luchar. Hoy necesitaba el aviso del despertador porque tenía que levantarme pronto para pensar algo para esta columna y dejarla escrita antes de ir a «trabajar», pero no ha sonado el despertador y mi día ha descarrilado al completo, porque una vez rota la secuencia prevista ya nada me salva del «todo mal». He ido a una rueda de prensa, he llegado después al periódico y no he tenido tiempo para pensar, pero la columna la tengo que enviar ya y ni siquiera sé qué voy a contar. El caso es que hoy no ha sonado el despertador y por eso estoy ahora comiendo mini bollycaos y almendras fritas con sal mientras alterno los traguitos de Nestea con las caricias al teclado del ordenador.

Es increíble cómo un pequeño detalle puede condicionar una tonelada de consecuencias. Como no ha sonado el despertador no he ido a comer a casa. Como no he ido a comer a casa… quién sabe cuántos acontecimientos han cambiado porque yo no he cogido el coche para ir a comer a casa. Igual he evitado un accidente gracias al despertador. Igual debería estar contento con el despertador. Igual me ha salvado la vida el despertador. Si no me despierta, ¿merece que sigamos llamándolo despertador?

Si pasamos al fútbol, porque aquí siempre pasamos al fútbol, ¿cuántas circunstancias de este tipo influyen en el camino hacia el resultado definitivo de un partido? Un partido es un cúmulo de detalles que condicionan una tonelada de consecuencias. El Girona, por ejemplo, habría preparado al milímetro el primer partido de Liga tras el parón por el Mundial de Catar. Lo habría estudiado todo, pero en el primer minuto su lateral izquierdo hizo un pase hacia atrás inexplicable y regaló un gol al Rayo Vallecano. La secuencia «prevista» se rompió. Es increíble cómo un pequeño detalle puede condicionar una tonelada de consecuencias.

El fútbol es así: constantemente te reta. El fútbol plantea siempre desafíos a tu inteligencia. Los que venimos detrás contamos con ventaja: los que llegaron antes llevan un siglo ensayando por nosotros las respuestas. Nosotros llegamos después y asumimos como normales muchas de esas ocurrencias.

Un día de Mundial, con varios partidos decididos con remates de cabeza, caí en la cuenta. El centro es un gran invento —me dije—, si lo piensas. Imaginemos a la primera persona que se le ocurrió eso. Estaba en la banda con la pelota, vio a su compañero en el área y ató cabos: «Tengo que llevar la pelota desde aquí hasta allí y hay un montón de futbolistas rivales en el medio, ¿qué hago? Pues golpeo la pelota con el pie y la levanto con la altura exacta para que supere a esos rivales y caiga justo en la cabeza de mi compañero». Maravilloso: física, matemáticas, ingeniería, I+D+i, pura ciencia. Ahora nos parece normal esa solución, pero ese tío es un genio anónimo aunque nos hayamos acostumbrado a ella. El centro es un gran invento. Yo no habría tenido esa ocurrencia.

Cuando Pelé enfermó, se viralizó un vídeo que mostraba algunas de sus jugadas y a varios de los mejores futbolistas de las siguientes décadas replicándolas con una exactitud que impactaba. Por edad y circunstancias, es de esperar que muy pocos le hubiesen visto jugar antes. No le copiaban, era algo más trascendental, en realidad. Era y es otra cosa que habla de legado, inmortalidad e inteligencia.

Diciembre de 2022

Así es la vida
[Alguno tiene que sacrificarse]

Algo pasa esta temporada: la jugada que más veces asoma en mi mente acabó en desgracia televisada. Desde que empezó la Liga he visto golazos increíbles, pases de fantasía y maniobras brillantes, pero sin querer y de vez en cuando me acuerdo de esta otra jugada. Me acuerdo demasiado. Se podría decir que me obsesiona. Me acuerdo mientras me ducho, mientras me afeito, mientras espero que el semáforo cambie a verde. No sé por qué, pero se ha enquistado en mi memoria.

La jugada ocurrió durante el primer tiempo de un partido del Cádiz en el campo del Valencia, un lunes por la noche. La recuerdo bien. Robert Navarro tiró un caño y la pelota se le fue un poco larga. Cuando fue a buscarla, alargó la pierna, pero un rival llegó una décima de segundo antes. Robert Navarro le pisó y lo expulsaron, y en un instante pasó de la alegría del caño, de sentirse el amo, a la tristeza de la roja, a sentirse un despojo. La secuencia me asalta como un presentimiento. Así es la vida a veces: te espera con la mano abierta en cuanto te vienes arriba un poco.

Así soy yo también a veces. Rodeado de felicidad, me da por pensar si alguien estará sufriendo al margen. Algo pasa esta temporada: mi equipo juega mejor que nadie en toda España. De verdad: el Castellón va primero, gana casi todos los partidos y marca un montón de goles. Tiene un entrenador holandés que se llama Dick Schreuder y mira siempre hacia adelante. No hemos vivido nada igual: el equipo a ratos entra en trance y nos regala golazos increíbles, pases de fantasía y maniobras brillantes, pero ¿en qué pienso yo en una temporada semejante? Sin querer y de vez en cuando me acuerdo de la única persona de la que no debería acordarme.

Me acuerdo demasiado. Se podría decir que me obsesiona. De hecho, la estoy buscando para escribir un reportaje. Se solía sentar en una zona de la grada cercana a los pupitres de prensa y su actividad principal consistía en criticar los cambios de los entrenadores. Daba igual la categoría, el entrenador o el marcador. Siempre había algún cambio del Castellón que provocaba su reacción. A mí me encantaba el personaje: se levantaba un poco del asiento, tomaba aire y gritaba: «¡Barraquero!» El equipo nunca le parecía lo suficientemente ofensivo y el entrenador nunca le parecía lo suficientemente valiente. Nunca, hasta la temporada de Schreuder.

Y yo disfruto con el equipo, pero sufro por esta persona. Estoy preparando el café y me acuerdo de él. Quiero saber cómo lo está llevando, si va a terapia o qué hace. Fantaseo con su nueva realidad, imagino cómo es su vida sin poder gritar «¡barraquero!», porque con este entrenador de verdad que es imposible, no se puede. Me gusta pensar que no lo está llevando nada bien, que está jodidísimo este hombre, que está acumulando en su interior toda esa energía negativa que antes soltaba en el estadio y ahora no puede. Me gusta pensar que necesita desahogarse y contrata a figurantes, alquila un campito de fútbol, les obliga a jugar de modo defensivo y les grita «¡barraqueros!». Me gusta pensar que se siente mejor si lo hace y que está más irascible si no lo hace, que su mujer le envía al balcón a gritar, que interrumpe partidos de fútbol base. Necesito encontrarlo y preguntarle.

Así es la vida a veces: para que la mayoría sea feliz alguno tiene que sacrificarse.

Noviembre de 2023

Una motivación
[Una y otra vez]

El ajedrez es al deporte lo que el jazz es a la música. Enseñas un tablero o un saxofón y pareces más listo. Tú ves a alguien caminar por la calle con un tablero de ajedrez bajo el brazo y automáticamente tu cerebro te ordena que pienses que ese alguien es superinteligente. No hace falta que demuestre que sabe jugar bien al ajedrez. Ni siquiera hace falta que demuestre que sabe jugar, a secas. Da igual si conociste a esa persona en el colegio y era idiota integral. Con llevar el tablero de ajedrez es suficiente. ¿Cómo va a ser tonto alguien que lleva un tablero de ajedrez? Imposible. Seguro que ese alguien es superinteresante y superinteligente.

Voy a empezar a utilizar ese truco más pronto que tarde, porque de vez en cuando voy con una pelota de fútbol por la calle, después de dejar a mi hijo en clase de Dibujo, y noto que la gente me mira con expresiones que mezclan el desprecio y la pena a partes similares. Ver a un adulto con una pelota de fútbol por la calle no causa la misma impresión que lo del tablero de ajedrez. ¿Cómo va a ser interesante alguien que lleva un objeto tan básico y primitivo como una pelota de fútbol por la calle? Imposible. Alguien debería civilizarlo, quizá los servicios sociales. A mí cualquier día me echan limosna. A veces viene alguien de frente, me ve de lejos y cruza la calle.

Es posible que con esto del big data el fútbol esté pasando a las manos de aquellos que van con un tablero de ajedrez por la calle. El instituto nunca termina: este es el capítulo de la venganza de los empollones contra los populares. Aquellos que jugaban al buscaminas con una estrategia son los que deciden ahora las variables y los fichajes.

Hace poco me enteré de que el buscaminas tenía lógica en su funcionamiento. Me enteré después de haber pasado años jugando a voleo, pero con una convicción inquebrantable. Siempre perdía rápido, porque no sabía cómo se jugaba —ni sé—, pero siempre creía que podía ganar, siempre pensaba que podía salir bien. Podía intentarlo una y otra vez, sin cansarme.

Esa misma fe me hizo seguir a mi equipo durante una década esperando que las cosas salieran bien. Siempre fracasábamos, porque el ascenso nunca llegaba en esa maldita Segunda B, pero empezaba la temporada siguiente y no solo renovábamos el carnet: también renovábamos la fe. No tenía ningún sentido, pero podíamos intentarlo, sin cansarnos, una y otra vez. Si hubiésemos atendido a la razón, hace tiempo que hubiésemos dejado el fútbol y el periodismo por el buscaminas y el ajedrez.

Los de los datos en el fútbol ya han ganado, porque todos en la élite lo emplean. Es decir, te cuentan las historias de los que ganan, pero también usan datos muchos de los que pierden. Al fútbol se la trae floja, pero los humanos necesitamos respuestas sobre por qué pasa lo que pasa. Necesitamos algo que ofrezca explicaciones para lo inexplicable, se llame análisis de datos, religiones o supersticiones.

La mayor utilidad que le veo al asunto a día de hoy es usar todo esto como motivación. Después de empatar contra el Barcelona, el futbolista del Girona David López valoró la buena temporada de su equipo recordando que la inteligencia artificial vaticinaba que iban a ser últimos en la Liga. Ojalá tengan el vestuario empapelado de fotos de táblets y ordenadores y el día que certifiquen la permanencia se encaren con ellos a grito pelado: «¿Ahora qué? ¿No eras tan listo? Llama a Deep Blue que lo reviento. ¿Quién es el inteligente aquí ahora?».

Abril de 2023

Este Mundial raro
[Justificándome]

A medida que envejezco agudizo mi debilidad física. Recuerdo que empecé tan fuerte el Mundial de 2014 que escribí un artículo avisando de que no iba a llegar vivo a los cruces de octavos. Esa primera fase la pasé recibiendo a amigos en casa, jornada tras jornada. Ellos iban rotando, pero yo era siempre el mismo porque estaba de vacaciones, y me vi envuelto en una dinámica devastadora. La dieta de los campeones: barriles de cerveza, aperitivos aceitosos y pizzas congeladas. Así veíamos dos, tres o cuatro partidos al día, los que fueran, hasta que los demás se iban a sus casas y yo me esforzaba para no dormir en el sofá, y llegaba como podía dando tumbos a la cama.

Al cuarto o quinto día arrastraba tanto cansancio que solo podía levantarme cuando mi hija, casi bebé, se ponía a saltar sobre mi cara. Reptaba entonces hasta el salón esquivando cáscaras de cacahuetes y pistachos, con los labios cortados por la sal, jurando que nunca más, hasta que llegaba la tarde y con ella mis amigos de vuelta, con la misma dieta mortal y los ánimos renovados. Era inevitable y no me culpo de nada, solo constato: era un ser indefenso ante la magia del Mundial y caía una y otra vez en la misma trampa. Me duele decirlo pero es verdad: en aquel Mundial me salvó el trabajo. Se acabó la semana de vacaciones y sobreviví, al dejar de recibir invitados.

Ahora, en 2022, no puedo culpar ni a mis amigos ni al alcohol ni a las pizzas congeladas. Ahora no ha hecho ni falta que empiece el Mundial: ya llevo enfermo toda la semana. Luego dirán que no soy previsor. He caído en la antesala. Mi cuerpo me conoce y se avanza a la fatalidad, la intuye como un delantero ratonero se anticipa al error del central en el área. Mi cuerpo se aprovecha de un Mundial en noviembre. En lugar de las ganas de vivir del final de la primavera, del Mundial inmemorial que relacionamos con las casi vacaciones, el fin de curso, el buen tiempo y el aroma del after sun, en lugar de eso nos invade ahora el desánimo propio del mes más asqueroso del año, quizá, digo yo, noviembre y la noche temprana, el frío, la tos y la gripe acechando por la ventana. Al Mundial estival llegábamos regados por la energía de vivir, y eran los futbolistas los que estaban cansados. Ahora será al revés, abundando en la etiqueta de Mundial superraro.

Además, al jugarse en Catar, siento que debo estar todo el día justificándome. Me encontré con el colega Ximo y me dijo que iba a boicotear el Mundial, que no iba a ver nada.

Le pregunté si era un asunto novedoso su boicot a Catar, teniendo en cuenta que allí se han disputado mundiales de atletismo o de balonmano, y competiciones de motos y coches, y compartí mi extrañeza porque de repente un montón de gente parece haberse enterado de cómo funciona el mundo y la FIFA, y cómo es Catar respecto a los derechos humanos. En todo caso, será interesante ver dónde ponemos el listón de la coherencia, porque he leído que Catar participa en numerosas multinacionales. Una de ellas es Volkswagen —y aquí celebramos por todo lo alto su inversión en la gigafactoría de baterías—, por no hablar de sus importaciones de productos nuestros y variados, o las relaciones financieras públicas y privadas con regímenes peores o similares. ¿Por qué ahora y por qué con el Mundial? Quizá porque no haya nada más grande y universal que el fútbol, para lo bueno y lo malo. Quizá sea la solidaridad que triunfa, la que no exige ni cuesta apenas nada. O quizá todo eso sirva para cambiar algo.

Será interesante ver a partir de ahora en qué casos nos ponemos dignos y en qué casos miramos a otro lado. Ximo me apuntó con acierto que cada cual cabalga con sus propias contradicciones. Este Mundial manchado será una de las mías, puede ser, sabiendo que no es la primera ni será la última, y asumiendo que no estoy solo.

Noviembre de 2022

Fobias gratuitas
[El Nobel de la Paz]

No soy la mejor persona del mundo. Algunos ya lo habréis intuido desde hace tiempo, porque no hace falta ser muy listo para verlo. No soy la mejor persona del mundo, pero al menos lo admito. Si estoy viendo un partido de mi equipo, uno de mis futbolistas derriba a un rival, el árbitro pita falta y mi futbolista va a disculparse con el contrario... bueno, vale, eso todavía lo tolero. Pero si luego va a pedir perdón al árbitro, y después al compañero que se acerca, y otra vez al que está aún en el suelo... eso ya me molesta un poquito. ¿Qué quiere este? ¿El Nobel de la Paz? ¿Quién se ha creído? ¿Nelson Mandela?

No soy la mejor persona del mundo, pero en esta historia no soy el único. No me siento solo en esto, ni mucho menos. A veces cojo manía a gente que no me ha hecho nada, ni bueno ni malo, y me pasa especialmente con los futbolistas. De repente ves a uno que sale al campo a jugar con las medias bajas y ya le pones la cruz por llevar las medias bajas. Increíble afrenta llevar las medias bajas. A quién se le ocurre llevar las medias bajas. En este pueblo somos personas civilizadas: comemos las mandarinas gajo a gajo, pagamos impuestos y no jugamos con las medias bajas.

A medida que cumplo años, esto de la fobia gratuita me pasa con más frecuencia. Últimamente no soporto a los que tienen apellidos que parecen nombres. Sergi Roberto, vamos a ver, por ejemplo. Sergi es nombre y Roberto también es nombre, no puede ser apellido. ¿Soy el único que se ha dado cuenta? Lo estoy escribiendo ahora y me caliento. ¿Por qué se permite? Los nombres son nombres y los apellidos son apellidos. Urge una ley que regule esto. Al menos lleva las medias como toca, Sergi Roberto.

No soy la mejor persona del mundo, tampoco la más despierta. El lunes me invitaron a la radio. Conectaban con otra emisora y en el estudio estaba solo, esperando. A través de la cristalera podía ver al técnico de sonido que me hablaba por línea interna. Mientras escuchaba los anuncios previos a mi intervención, tosí un poco. El técnico me indicó que sobre la mesa tenía el botón de la tos y añadió que, si tenía tos, pulsara el botón de la tos. Y efectivamente, sobre la mesa había un botón donde se podía leer la palabra «tos», y le di al botón, con toda mi buena fe, pero no me curó: volví a toser. Menuda estafa el botón de la tos.

No soy la mejor persona del mundo ni la más despierta, pero al menos lo admito. Hasta hace no mucho, si iba a escribir una crónica al estadio, era el más joven de todos. Ahora suelo ser el anciano. La última tarde me senté junto a un chaval que casi debutaba, y de vez en cuando me preguntaba. Asumí con cierto orgullo mi papel de mentor e intenté ayudar como a mí un día me habían ayudado. Todo iba bien hasta que perdí el bolígrafo.

Estuve un buen rato buscándolo. Moví la silla, me levanté y registré los bolsillos del maletín, pero no aparecía el bolígrafo. El chaval me miraba y noté que dudaba si decirme algo. Al final le pregunté si había visto el bolígrafo y con timidez señaló el plástico que cubría el teclado. Resulta que el bolígrafo era del mismo color que el ordenador, lo había tenido a un palmo todo el rato, y yo ya era oficialmente un viejecito sonado. Fue un momento precioso, mi efímera época como mentor. Seguro que el chaval pensó que no hace falta ser muy listo para vivir del periodismo deportivo. Algo es algo. Nadie podría negarlo.

Abril de 2023

Que vuelva Messi
[Sale mal]

Si pensáis que estáis teniendo un mal día, pensad en mi amigo Ripo, que llamó Leo a su hijo en honor a Leo Messi y su hijo se le ha hecho del Madrid ahora, el colmo de los colmos para alguien del Barcelona. Ripo es por supuesto uno de los que apoya un hipotético regreso de Messi al Barça y podría encabezar incluso un reivindicativo movimiento generacional: el de los padres culés que ven cómo sus hijos les piden la camiseta blanca de Benzema después de la última Copa de Europa y necesitan un truco de magia de manera desesperada. Recuperar a todos esos niños que coquetean con las malas influencias —piensa Ripo— sería el último gran servicio de Messi para el Barcelona.

El asunto no es sencillo. Nadie quiere que su hijo crezca pensando que está en manos de un fanático, pero si eres del Barça tampoco es cuestión de pagar alegremente la manutención de un muchacho que se va a la cama canturreando «Hala Madrid y nada más», o que baila como Vinicius mientras se pone el pijama. Otro amigo, Meliá, ha ideado un recurso audaz asido a la nostalgia: le enseña a su hijo en YouTube vídeos del Barça de Guardiola con la esperanza de enderezarlo a tiempo porque observa que crece en similares circunstancias, pasando del Barcelona. De hecho, como mal menor y medida de acercamiento, el año pasado le compró la camiseta de Messi del PSG. Al menos así se está acostumbrando a la misma tonalidad cromática.

A la mayoría de mis amigos del Barça les gustaría que sus hijos pequeños vieran a Messi jugar en el Barcelona, simplemente por poder compartir un recuerdo feliz en primera persona. Es algo bonito, sin duda y sobre el papel, pero el problema es que a veces eso no funciona. El problema es que a veces la segunda oportunidad sale mal, y si sale mal se ensucia el recuerdo y también el aquí y el ahora.

En verano le enseñé a mi hijo unos tazos que aparecieron por casa. Le dije que era divertidísimo jugar a los tazos, le expliqué el funcionamiento y probamos. A los dos minutos, mi hijo me miró con cara de tremendo asco y preguntó si podíamos jugar a alguna otra cosa. Estas cosas pasan, lo sabemos todos, y el regreso de Messi tiene este peligro en contra. A favor probablemente tenga otra lanza: a diferencia de los tazos, Messi no es una moda.

Sea como fuere, por si no es capaz de mantener la ilusión con el presente, el Barça ya ha fabricado otro anhelo de altura para la próxima temporada. Mientras tanto, la pasada semana, tras el inexplicable no penalti del Milan y la derrota ante el Inter en Champions, Xavi mostró en los medios su indignación con el colegiado. No tardaron en recordarle al entrenador del Barcelona que hace menos de un año, tras otro inexplicable no penalti de Piqué en Vila-real y la victoria culé en La Cerámica, dijo que nunca hablaría de los árbitros. Yo qué sé: queda feo y es un fallo, pero no seré yo quien se lo reproche con aire severo. No seré yo quien pida coherencia ni a Xavi ni a nadie. Yo, que cada noche me prometo a mí mismo que no me levantaré de la cama para dar mordiscos a un troncho de fuet, y luego ahí estoy, siempre puntual, abatido y hambriento, sentado en la cocina a oscuras, saboreando en silencio ese manjar ancestral de madrugada. Xavi, no pasa nada.

Octubre de 2022

Una inspiración
[Labor social]

Uno de los sentimientos más satisfactorios que las personas adultas, maduras y razonables podemos experimentar es el de ayudar a los demás. Esa generosidad se acaba convirtiendo en nuestro principal cometido en la sociedad. Tanto es así que a veces ni lo necesitamos planear. Nos sale natural.

El jueves salí de casa con una misión: acudir a un acto, saludar a Persona n.º 1, saludar a Persona n.º 2, recoger un obsequio y posar conjuntamente con Persona n.º 1, Persona n.º 2 y Don Obsequio para una foto frontal. Podría decirse que era una misión sencilla la mía, pero nunca hay que subestimar mi capacidad para complicar.

Cuando llegó el momento de la misión empecé bastante bien, la verdad. Saludé a Persona n.º 1, saludé a Persona n.º 2 y recogí el obsequio en una maniobra limpia, ágil y profesional. Solo faltaba posar, pero entonces se me escapó un pequeño detalle. No pensé que estamos en mayo y que todo lo importante —las eliminatorias de Champions, las elecciones, Eurovision, etc.— se decide siempre por pequeños detalles. Lo dicen los que saben.

El detalle era que Don Obsequio tenía impreso un escudo del Castellón por una cara, que era la que debía mostrar en la foto, y yo estaba posando enseñando la otra cara, que no valía nada, ante la incredulidad general. Por fortuna, Persona n.º 2, que era la alcaldesa de la ciudad, estuvo rápida y hábil para girar el obsequio con una contenida condescendencia, y una elegancia casi maternal. Seguramente lo hizo pensando

«Ah, periodistas deportivos, cuánto me costarán de criar» y no faltaría a la verdad. Si yo fuera ella, de hecho, usaría el vídeo de la secuencia en la campaña electoral*, con el lema «Amparo Marco, la alcaldesa que ayuda a quienes más lo necesitan, hasta a lo peor de la sociedad».

Lo importante de todo esto es que todos los que subieron después a recoger sus obsequios se fijaban en mostrarlo por el lado correcto, el del escudo, para la foto. Era lo primero que hacían, me di cuenta enseguida y lo contrasté después con Edu Chova, uno de ellos. He aquí mi impecable e innegable labor social: con tal de no ser como yo, los demás se esfuerzan por mejorar.

▼ Es algo que se valora poco: el ejemplo del mal. A menudo no te inspiran tanto los buenos como los malos. Cuando jugaba a fútbol, no me esforzaba para ser el mejor del equipo: me esforzaba para no ser el peor del equipo. Llegar a ser el mejor me daba igual. Lo fundamental, y un objetivo de veras realista, era eludir el rol de «peor del equipo».

En el fútbol profesional, el «peor del equipo» es uno de esos sambenitos que se originan en una dosis de verdad, pero se enquistan después en injusticia general. Al «peor del equipo» se le reprochan cosas que al resto se le obvia o perdona. A menudo da igual que lo haga: acapara las críticas de los aficionados, que le cogen manía y le ponen la cruz, y es el recurso fácil para los periodistas. El «peor del equipo» sirve para explicar de una manera sencilla asuntos complejos. Todos los equipos necesitan un valiente que asuma esa carga, incluso estando meses sin jugar, y no hace falta que escriba nombres porque todos conocemos a alguno.

*No me hicieron caso y perdieron las elecciones.

La paradoja es que los mejores equipos requieren un «peor del equipo». Es una figura que guarda un valor: funciona de refugio para los demás, no se queja, no se agranda, no da problemas y suele ser un buen tipo. A ver si tratamos mejor al «peor del equipo».

Mayo de 2023

Contagio de vestuario
[Esa pulsión salvaje]

Un asunto que me fascina del deporte es el contagio de vestuario. Algo que le pasa a uno y empieza a pasar a todos. De vez en cuando sucede, por ejemplo, con las lesiones. Sin cambios aparentes respecto a un pasado saludable y sano, un equipo enlaza dolencias sin hallar una explicación del todo clara. Después, pasado un tiempo y con el mismo misterio, la racha acaba.

A mí me pasó algo similar la pasada semana, en una variante doméstica de este tipo de contagio encadenado. Sufrí una escalada de lesiones de aparatos en casa, sin precedentes ni lógica, que se me fue de las manos: arrancó el viernes con el cepillo de dientes eléctrico, que dejó de cargar, y culminó el domingo con el fundido de la batería del coche, que no arrancaba. Entre medias, por si faltaba algo, el mando de la televisión dejó de hacerme caso.

Desde que descubrí que puedo pedir a la televisión que me cuente chistes, activando la función de voz en el mando, mi vida ha cambiado, pero de esto hablaremos otro día porque hoy toca escribir lo del contagio. Cabe apuntar que este concepto del contagio de vestuario no tiene por qué ser siempre malo. También puede ocurrir con una canción, un corte de pelo o un concesionario. Puede ocurrir con el propio juego. Añoro esa bonita sensación de estar en el campo y notar cómo te contagia el entusiasmo. Añoro estar jugando, sentir que un compañero entra en trance y arrastra a los demás, y notar cómo sacas fuerzas de esa pulsión salvaje para venirte arriba y no quedarte rezagado. Exprime lo mejor de ti. Es el mejor de los contagios.

A veces, viendo un partido, puedo identificar esa dinámica en mi equipo o en el contrario. Es difícil detectar en qué instante se enciende la mecha del contagio. A veces es un gol o una ocasión, algo así: se van creciendo, se retroalimentan y les llega la pelota y se sienten capaces de todo. Aupados por una fuerza primitiva, los futbolistas se sienten invulnerables, y vuelan. Así se ganan partidos y se encienden revoluciones, flipándonos un poco.

Conviene dejar huella en el marcador durante esos tramos. De hecho, una de las principales diferencias entre los campeones y los aspirantes es esa. Todos los disfrutan a favor y todos los sufren en contra, por mucho que piensen que lo tienen todo controlado. Al final, los que ganan los títulos son los que saben traducir ese éxtasis colectivo en goles, por un lado, y también son capaces de resistir el arrebato ajeno, por otro, y aunque no sepan exactamente cómo.

Otro asunto fascinante del fútbol es este: de un día para otro un futbolista puede alcanzar la excelencia viniendo de la nada. Imaginemos por un momento que funcionaran igual los cirujanos. Que tuviéramos que entrar en un quirófano para ponernos en manos de alguien que pueda ser a la vez un desastre y un sabio. Pienso en Rodrygo y sus últimas jornadas. No se iba de nadie y no acertaba en nada, hasta que controló una pelota, limpió a un par de rivales y clavó un tirazo en la escuadra, medio silbando. Desde entonces a Rodrygo se le caen de los bolsillos los jugadones y los golazos.

Conviene aprovechar estos tramos y dejar huella en la cuenta bancaria. La inspiración es como el contagio de vestuario. Se marcha de la misma que manera que aparece: sin avisar y sin explicar cómo. Después, pasado un tiempo y con el mismo misterio, la racha acaba.

Diciembre de 2023

Malas decisiones
[Un cartón de tabaco]

Pasé siete temporadas siguiendo a mi equipo en Tercera División y atravesé la adolescencia escuchando punk en la minicadena. Quiero decir: estoy vacunado contra la ausencia de técnica. Perdono fácil un control fallido o un golpeo defectuoso, pero me sacan de quicio los errores de concepto. Un defensa que deja botar una pelota que debería atacar por alto: lo odio. Un centrocampista que no sabe perfilarse, que no sabe cuándo tiene que ir y cuándo tiene que quedarse: lo odio. Un atacante que chuta cuando la jugada le pide un pase, que regatea cuando debería chutar y que pasa cuando debería regatear: lo odio, lo odio y lo vuelvo a odiar.

Quizá por eso siempre se me atragantó Dembélé y quizá por eso me gusta ahora tanto Lamine Yamal: la toma de decisiones. Hay quien anda preocupado por algunas elecciones vitales del jovencísimo Yamal, pero confiemos en que sepa decidir igual de bien fuera que dentro del campo. En todo caso, con dieciséis años yo no elegí jugar a nivel internacional con España o con Marruecos. Con dieciséis años yo elegí estudiar letras puras en el instituto y aquella fue una decisión sin duda peor que cualquiera que ahora Lamine Yamal pueda tomar.

No quiero que suene a excusa, pero lo de elegir letras puras lo hice empujado por la profesora de matemáticas. A final de curso nos dijo a unos cuantos que nos aprobaba, pero que no siguiésemos estudiando matemáticas. Yo en matemáticas hacía lo mismo que en el resto de asignaturas, casi nada, pero en matemáticas era más difícil camuflar la ignorancia, sin ventana para la retórica en las respuestas de los exámenes. Elegir letras era para mí lo más cómodo y eso hice, y aquí estoy. En cambio, un amigo que desoyó a la profesora ahora es ingeniero y trabaja en una multinacional que se dedica a construir trenes, o algo así. Me pregunto si Lamine estará estos días haciendo caso a los consejos de los expertos. A las voces autorizadas. A los que saben. A la experiencia.

La que ha empezado ahora el instituto es mi hija Delia. Yo quería regalarle un cartón de tabaco para que se hiciera la jefa desde el primer día, pero mi mujer no me dejó, por lo que fuera. Delia ha elegido teatro como optativa y estoy deseando que le enseñen a tirarse en el área tras el mínimo contacto, a simular una agresión en un amago de cabezazo o a hacerse la despistada cuando muestren su dorsal en la tablilla electrónica, para perder tiempo en un cambio.

Durante el verano nos preparamos para el instituto con el visionado fundamental de *Compañeros*, que ha envejecido mejor que casi todo, y lo digo en serio, bastante mejor que la lista de convocados de Luis Enrique para el pasado Mundial, por ejemplo. Han pasado veinticinco años desde el estreno de *Compañeros* y la serie sigue funcionando, al menos con mi hija, que es una chica (pese a lo del teatro y a lo de ser mi hija) con indudable criterio. En realidad, lo de los juveniles de *Compañeros* no es ningún secreto: de generación en generación cambia el envoltorio, pero las inquietudes humanas son eternas. La época es circunstancial. Lo importante es la esencia. La esencia es la verdad. Como con Lamine Yamal, lo universal, lo atemporal y todo eso.

Septiembre de 2023

Hace mucho frío
[Un menú bien trabajado tácticamente]

Fui a un nuevo restaurante de mi ciudad y comí muy bien. Cuando terminamos la retahíla de platos y postres, y andaba yo pensando en mis cosas mientras removía el café, se nos plantó frente a la mesa el cocinero *aka* chef. Enseguida supe que era el cocinero porque iba vestido de cocinero y soy una persona muy observadora. Esto ocurre con más frecuencia cada vez: vas a un restaurante, comes muy bien y cuando acabas se acerca a la mesa el cocinero *aka* chef. Nos preguntó: «¿Qué tal?» y respondimos: «Muy bien». Después hubo un silencio incómodo porque por lo visto esa respuesta no se considera suficiente, pero tampoco sabíamos qué más había que hacer. Al parecer, a la gente le gusta departir con el chef y muestra curiosidad e interés, pero ni mi mujer ni yo somos ese tipo de persona, qué le vamos a hacer.

El momento me recordó algunas ruedas de prensa, esas a las que te envían a última hora sin tener idea ni saber por qué. El cocinero *aka* chef destilaba la misma actitud que los entrenadores de fútbol después de un buen partido. Sin duda quería nuestras preguntas, quería contarnos el concepto del restaurante, la selección de los ingredientes y la elaboración de los platos, quería contarnos el plan, pero no estuve hábil para poderle complacer. Delegué la educada cháchara en mi mujer e imaginé un ramo de micrófonos bajo el mentón del chef, imaginé flashes de fotógrafos y un estricto turno de preguntas, imaginé al cocinero diciendo que el suyo es un menú bien trabajado tácticamente, fuerte en la estrategia y con postres rápidos arriba. Por un momento creí, de hecho, que era lo que iba a hacer, pero no dije nada. Simplemente sonreí, pagué la cuenta e imaginé.

En realidad aún estaba pensando en la conversación previa de la mesa contigua. No tardamos mucho, mi mujer y yo, en convenir que la conversación de la mesa contigua era mucho mejor que la nuestra, así que callamos, comimos y escuchamos. Había un hombre explicando algo que parecía muy fácil: vas a Albania en avión, con billete solo de ida y con cuarenta mil euros en efectivo, compras un coche por ese dinero, vuelves a España por carretera y vendes el coche por noventa mil. «Ganas cincuenta mil», detallaba, por si no lo habíamos pillado. A mí me pareció una jugada maestra, tanto fue así que me sentí idiota por seguir trabajando, disponiendo de esta maniobra genial al alcance de la mano.

¿Estamos tontos o qué? Aguantando jefes, soportando rutinas y adelantando los síntomas de la vejez, cuando podríamos limitarnos al negocio de viajar a Albania de vez en cuando. Es más, ¿a qué espera el Gobierno de España para obligarnos a viajar a Albania, comprar coches y vendérselos a los franceses una y otra vez? Si nos organizamos bien, la próxima temporada el Castellón podría fichar a Haaland y Mbappé.

Estaba puliendo este plan sin fisuras, pensando incluso con quién dejaríamos a los niños durante el viaje, hasta que uno de la mesa le dijo al hombre: «Pero ¿entonces te vas a Albania?», y el hombre contestó: «No, es que hace mucho frío». Sospeché entonces que la jugada igual no era tan sencilla, como esos que se quejan porque «los futbolistas por darle patadas a un balón ganan mucho dinero y los médicos y los profesores tienen más mérito», y les dices «pues hazte futbolista si es tan fácil», y no lo hacen ni lo hicieron, y tampoco sus hijos, quizá porque entrenando en invierno hace mucho frío, por lo que sea, pero no lo hacen ni lo hicieron ni lo hicimos.

Octubre de 2022

Mundial en invierno
[Una memez]

Mundial en invierno: ahora ya puedo decir que no me gusta, que no quiero otro Mundial en invierno. Borraja o acelgas: a veces llegabas a casa tranquilísimo, sin intuir la trampa que te habían preparado, sin sospechar que tus padres habían decidido que era una buena idea comer algo de verdura al volver del colegio. Borraja o acelgas: te sentabas en la mesa, te negabas a abrir la boca y te decían: «¿Cómo sabes que no te gusta si no lo has probado nunca?». ¿En serio? Borraja o acelgas: al final mezclabas un poco de verde con la patata y ponías cara de asco, cumplías con lo mínimo para llenarte de autoridad y contestar: «Ya lo he probado y no me gusta». Mundial en invierno: sabía que no me iba a gustar sin haberlo probado y quizá alguien podría haberme dicho: «¿Cómo sabes que no te gusta si nunca lo has probado?». Pues vale. Mundial en invierno: ya lo he probado y no me gusta el Mundial en invierno.

Mundial en batín: a mí el cuerpo me pide otro tipo de partido en invierno. El pasado fin de semana salí de la cama, preparé un café y me acosté en el sofá, frente a la tele, aún en pijama. Me entraron unas ganas tremendas de un Getafe-Cádiz a las dos de la tarde en lugar de un cruce a vida o muerte barnizado de drama. Qué bien me vendría ahora —pensé— un Getafe-Cádiz o un Elche-Valladolid, un partido de esos que nada me importa ni me aporta, pero no molesta y acompaña sin quererlo. Mi cuerpo necesitaba un Getafe-

Cádiz sin goles, con frío y guantes, con cánticos monótonos y arrítmicos, con despejes infames y con vaho saliendo de la boca de los futbolistas que respiran sudorosos, con la vena hinchada en el cuello mientras pierden tiempo. Mi cuerpo necesitaba algo rutinario, trivial y correcto, nada más: el clásico partido durillo de invierno. Pero no. Este año ha volado ese plan perfecto. Este año no tenemos de eso.

Este año tenemos Mundial en invierno: mi cuerpo es sabio y no necesita ahora este tipo de acontecimientos. Mi cuerpo no está para la trascendencia, la Historia en mayúsculas y los sucesos intensos, y en Catar todavía menos. Nos robaron un Mundial en verano, uno de esos con atardeceres tostados y lentos, con olor a after sun y con el pelo húmedo y revuelto, y ahora en consecuencia nos roban un capazo de jornadas mediocres de Liga con esos partidos insulsos que solo vemos los de verdad, los malitos, los que andamos medio enfermos. Mundial en invierno: prefiero un plato de acelgas que otro Mundial en invierno.

De verdad. Saca lo peor de mí este invento, lo confieso. He ido envenenándome y sospecho de todo en este Mundial en invierno: no nos ayuda que el título se lo jueguen las dos grandes estrellas del PSG catarí, en Catar, después de todo lo que sabemos, después de todo el proceso. Mi cerebro enlaza conspiraciones en cada penaltito y teje guiones inverosímiles de traiciones y espías como este que os cuento: no tengo pruebas y tampoco dudas, pero dentro de veinte años saldrá a la luz que un grupo de argentinos secuestró al verdadero Gvardiol —el central de la máscara— al descanso del Argentina-Croacia y puso en su lugar a Ricardo Darín con esa misma máscara. Darín llevaba semanas estudiando los movimientos de Gvardiol para que no se notara el relevo, como buen actor de método. Él mismo protagonizará pronto la película y aquí lo leísteis primero. De hecho, ya tiene incluso escrita la crítica Carlos Boyero. Se titulará «Una memez» y algo de razón tendrá, me temo.

Diciembre de 2022

Un ecosistema enfermo
[A qué precio]

El día que falla dos ocasiones clarísimas de gol. Ese día hay que recordar lo bueno que es Lamine Yamal. No podemos decir lo mismo sobre el VAR.

Está ocurriendo últimamente algo fascinante. Cuanto más sabemos sobre el VAR, peor. El regalo de los audios de las revisiones arbitrales está deparando momentos delirantes. En el estreno del invento, después del Cádiz-Valencia, pudimos escuchar cómo unos árbitros se «inventaban» un penalti que no entendieron ni los beneficiados por la ocurrencia. Esperábamos una explicación que tumbara nuestras dudas, pero la verdad es más simple. No se puede explicar lo inexplicable.

En los últimos años, de vez en cuando, me toca escribir sobre el videoarbitraje. Cuando escribí que no me gustaba por antinatural y contrafutbolístico (adiós al ritmo y al trazo grueso y salvaje, hola a la emoción diferida, al milímetro y a los parones), ni siquiera sospechaba que el asunto fuera a desembocar en un problema tan grave. Porque ahora mismo es eso el videoarbitraje. Alguien estará ganando mucho dinero, pero a medio y largo plazo el fútbol se ha creado, de manera innecesaria, un problema muy grave.

Porque el VAR ataca a lo más sagrado: la credibilidad. Porque en el fútbol previo al VAR, el árbitro de un Madrid-Almería dejaba de ver una falta o lo que sea, y el espectador pensaba, bueno, no lo ha visto, se ha equivocado. El error arbitral formaba parte del juego, desde que el fútbol era fútbol, pero el VAR no forma parte del juego. Forma parte del negocio, es algo externo al campo, son unos tipos en una o en dos salas ajenas que nadie sabe muy bien qué hacen. Y si esos tipos se equivocan, no es lo mismo. En la época de la posverdad, además, que acierten o que se equivoquen apenas importa. Por el propio funcionamiento de la herramienta, cada cual puede construir después el discurso que le interesa.

El VAR es lo peor que le ha pasado al fútbol desde que uno recuerda. Es el alimento tóxico e idóneo para teorías de conspiración, porque cualquier aficionado de cualquier equipo guarda ya en la memoria acciones que un día se arbitran de una manera y otro día se arbitran de otra. Jugadas fronterizas en las que un día se entra y otro no se entra. Algo que en el fútbol analógico de antaño era más asumible que en el actual, donde el tipo que decide (cada vez más protagonista) no tiene la excusa de la inmediatez, sino el arma destructiva del vídeo. El daño que se está haciendo el fútbol tiene difícil solución. Y siempre decimos que el fútbol lo aguanta todo, pero con el VAR (y en el cóctel de los pagos durante diecisete años al vicepresidente de los árbitros) está forzando sus límites con peligro, y al extremo.

A mí, de hecho, es lo único que me quita las ganas de ver los partidos. Cuando pasa lo que suele pasar, imagino a alguien en un despacho frotándose las manos, a punto de encender el fuego. Detesto el VAR porque saca lo peor de nosotros, nos hace peores aficionados y peores todo, porque nos envilece. Jornada a jornada, sin darnos cuenta, nos meten cucharadas de mierda que acaban en nuestro cerebro. La importancia del juego mengua al mismo tiempo que germina un ecosistema enfermo. Da un material de primera para llenar programas, vender periódicos, batir audiencias y animar la sobremesa, pero ¿a qué precio? Me temo que todavía no lo sabemos.

Enero de 2024

Pero tampoco
[Un viejo lector]

Me dio por decir en una entrevista que el periodismo tiende a darse más importancia de la que en realidad tiene, una frase cualquiera que luego me afeó un viejo lector. Como lo último que querría yo en esta etapa madura de mi vida es molestar a un viejo lector, máxime con lo caro que está hoy en día el kilo de viejo lector, aprovecho esta columna para aseverar aquí y ahora que yo no he dicho eso jamás, por favor, que fue todo un invento perverso del entrevistador. Aunque, bien mirado, y teniendo en cuenta que también es un viejo periodista ese viejo lector, el hecho de que se molestara por esa frase sobre el periodismo que supuestamente dije en mi entrevista, de algún modo, me daría la razón. Pero no.

El periodismo no es un oficio como los demás, el periodismo es lo mejor. Yo estoy trabajando en la redacción del periódico, me llama mi madre por teléfono y me da igual la hora que sea: yo rechazo la llamada. Si insiste y me vuelve a llamar tres o cuatro veces, igual me ablando y le contesto, pero se lo dejo bien claro: «A ver, mamá, ¿acaso no sabes que esto del periodismo es superimportante? Me lo dice mucho un viejo lector. ¿Acaso no sabes, mamá, que estoy salvando la democracia? A ver si te piensas que la democracia se hace sola. La democracia hay que hacerla». Le digo a eso a mi madre, cuelgo y luego edito una nota de prensa de la Diputación o de Marina d'Or.

Esta responsabilidad que tenemos los periodistas no es fácil de soportar, como podéis imaginar. Hay días que me marcho de casa para trabajar y mis hijos me despiden entre lágrimas en el portal, como si en el parking me esperara una nave espacial. Saben que soy un hombre con una grave misión: mejorar la humanidad. Mi hijo pequeño todavía no se entera mucho del tema, el pobre ignorante, y a menudo me pregunta adónde voy. «¿Que adónde voy, hijo? Despierta de una vez, voy a salvar la democracia. A la máquina de café, a imprimir e-mails y a salvar la democracia». Cuando vuelvo por la noche después de otra dura pero exitosa jornada laboral, meto la cena en el microondas. Mientras se calienta la comida, me siento en una silla, suspiro, veo los resúmenes de los partidos en el móvil y me digo: «Pues bueno, pues nada, Enrique, ya está, otro día de salvar la democracia».

El asunto era aún más cansado cuando me dedicaba al periodismo deportivo. Aquello era sensacional. Al final de la temporada 2014/15, por ejemplo, el Castellón perdió una promoción de ascenso. Justo después del partido, mientras tecleábamos las últimas líneas de las crónicas, se acercó un hombre a los pupitres de prensa y nos dijo: «Estaréis contentos, ya lo habéis conseguido». No tenía yo bastante con lo mío que encima era nuestra la responsabilidad de la derrota, que casi es mejor lo de salvar la democracia. El tipo claramente nos sobrevaloraba y nos regaló unos cuantos epítetos. Sin embargo, tres años después, cuando el Castellón logró por fin el ascenso, no vi aparecer a ese hombre en la zona de la prensa, por lo que fuera. Igual se le olvidó o igual resulta que ese día nosotros no conseguimos nada. Por si acaso pasé los días siguientes actualizando la aplicación de la caja de ahorros, a ver si el club me ingresaba una prima por los supuestos méritos, pero tampoco.

Si vuelvo al fútbol y me llama mi madre, le cogeré el teléfono.

Noviembre de 2022

Un pacto a tiempo
[Se destaca poco eso]

Hay algo en la vida que no me termina de convencer. Un error de concepto. Por una parte quieres que pase rápido el tiempo, y que lleguen cuanto antes el verano, las vacaciones y el aburrimiento voluntario, pero por otra piensas en todo lo que tienes que hacer hasta alcanzar ese soñado momento y dices, bueno, mejor que pase muy lento este rato que me puedo quedar aquí durmiendo. Es decir, quieres que pase rápido el tiempo y a la vez que vaya muy lento. No puede ser, lo siento, no es viable eso. Es un error de concepto.

Esta temporada, por ejemplo, quiero que mi equipo logre en mayo o en junio sus objetivos correctos, pero sé que antes de que llegue el gran momento nos esperan aún por el camino un montón de partidos igualados, secuencias de dolor, nervios y sufrimiento y marcadores que cruzan el minuto 85 todavía abiertos. Me da muchísima pereza todo el proceso, estoy viejo para soportar esa tensión, por lo que llega el sábado por la mañana y no tengo ninguna prisa al respecto. Quizá haya quien tenga ganas de que llegue el siguiente partido para competir y sentir emociones fuertes en vivo y en directo, pero hay que valorar que mientras no juegas, no pierdes. Se destaca poco eso. Es la gran valía del partido de los lunes. Irse a dormir el domingo sin haber perdido, con la ilusión intacta y la portería a cero.

Todavía es febrero, pero de vez en cuando me acuesto pensando en el próximo verano: vermús, partiditos, cócteles, paz mental y torreznos, un poco de playa y un poco de pueblo; pero luego pienso también que antes del verano me toca renovar el carnet de conducir, pasar la ITV del coche y madrugar un millón de veces para llevar a los niños al colegio. También sueño despierto con mi jubilación cuando me acuesto, y rezo para que llegue rápido, pero luego pienso que me quedan unos treinta años de trabajar y entonces me desvelo y ya no me duermo.

No sé muy bien qué prefiere el Valencia: detener ahora el campeonato y no volver a ganar jamás o seguir jugando para comprobar al final del curso si ha evitado el descenso. No sé muy bien qué prefiere el Madrid: lustrar la medalla de la goleada en Anfield o descubrir el destino final del torneo. No sé muy bien qué prefiere el Barcelona: enmarcar la actual clasificación de Liga para compensar lo de Europa o acelerar el minutero comprometiendo el premio. Mientras no juegas, no pierdes. Quedarte como estás o aceptar el riesgo.

Propongo un pacto de consenso. Dejémoslo todo a tiempo. Inventemos algo. No nos hagamos daño. Es el momento perfecto.

▼ Mientras sigamos jugando, valoro bastante también el partido de los viernes. Nueve de cada diez médicos recomiendan el partido de los viernes. En la pasada jornada, mientras recogía los bártulos en el trabajo, me llegó el habitual mensaje tentador de las tardes de los viernes, la clásica trampa: una invitación inocente para una cerveza, la típica que sabes cuándo vas pero no a qué hora vuelves.

Y primero dije «sí», pero luego vi en el Livescore que jugaba el Girona, que mola bastante este Girona, y jugaba Rodrigo Riquelme, que mola bastante Rodrigo Riquelme, y entonces lo repensé y me tiré del barco de la peligrosa cerveza de los viernes. Fui directo a casa y disfruté de Rodrigo Riquelme, y desperté sin resaca ni remordimientos al día siguiente. Se destaca poco eso. Es la gran valía del partido de los viernes. Es buenísimo para la salud el partido de los viernes.

Febrero de 2023

Tener que explicarlo
[Folclore]

Los cuartos de final de la Champions nos han deparado las eliminaciones del Barça, el Atleti, el Arsenal, el Mono Burgos y el Manchester City, unas más explicables que otras. Esta ronda letal también ha afianzado una de mis teorías futbolísticas. Todo lo que pase antes del minuto 70 del partido de vuelta tiene una importancia relativa. Nada de lo que pase antes del minuto 70 del partido de vuelta es todavía definitivo. Salvo rareza, a estos niveles, llegarás al minuto 70 del partido de vuelta un gol arriba o un gol abajo. Conviene reservar energía para ese momento y no distraerse antes con los fuegos artificiales, ya seas futbolista, entrenador o aficionado.

Vi la ida del Madrid-City en el trabajo, por ejemplo, y estaban los ánimos a tope con los goles de uno, las remontadas del otro, las contrarremontadas y la abundancia de fenómenos y golazos. Pasé la noche en plan aguafiestas, bastante pesado, repitiendo a todos mis compañeros el mismo argumentario: «No os emocionéis tanto, ¡esto es folclore! Hasta el minuto 70 de la vuelta todo es folclore».

Y a veces acertamos.

Cuando se acaban los fuegos de artificio y empieza la verdad, nada importa más que saber encajar los golpes y acertar con el mazo. Después, en función del resultado, construimos todos los relatos que sean necesarios. En función del resultado se escribe el presente y se construye el pasado. Con diez o con once jugadores sobre el campo, todos tuvieron sus ocasiones para ganar y sus ocasiones para perder, pero admitir que todo, o casi todo, depende un instante crucial en el área, nos sabe a poco año tras año. Para eso nos pagan, por otro lado. Para contarlo bonito. Para estirar el chicle. Necesitamos complicarlo.

Para mí, una de las peores cosas del fútbol es que los protagonistas se ven después forzados a tener que explicarlo. Como en todo, cada cual puede elegir su propia aventura. En el Barça, cuando pierde, es algo que esta temporada se ve bien claro. Xavi elige una vía y Gündoğan opta por otra. A mí me recuerda un poco a los inicios de Cuatro. Trataban de una manera distinta a sus espectadores, en comparación con lo que hacían en Canal Plus, aunque a menudo fueran los mismos los encargados. Digamos que en el Plus trataban a su audiencia como seres inteligentes, o como poco adultos, y en Cuatro no tanto. Al menos yo lo recuerdo así, pero tampoco me hagáis mucho caso.

A veces nos equivocamos.

Nadie pide a un mago que explique su truco, y a veces pienso que el fútbol lo sobreexplicamos. Por lo que sea, no es posible limitarse a la sencillez necesaria para, simplemente, disfrutarlo. Hay tanto en juego (dinero y no solo dinero), que tratamos de racionalizar lo que a menudo es irracional y nos hacemos daño. Supongo que es humano querer controlar todas las variables para no caer en el pánico.

Antiguamente, cuando se terminaban los argumentos, se hablaba de supersticiones o milagros. Últimamente ese hueco lo está ocupando la nueva religión de los datos. En el fondo intuyo que el fútbol sigue escondiendo una parte oculta del camino al éxito, y justo ese misterio lo convierte en un deporte único y extraordinario. Aunque también por eso nos hace sufrir tanto, por favor, no lo perdamos.

Abril de 2024

Ni queriendo
[Los bolsillos idóneos]

Igual es culpa del frío, pero terminó la primera semifinal de la Supercopa y pensé: «Esto sería mejor otra vez en verano». Igual es culpa de mi recuerdo distorsionado, pero juraría que la Supercopa estival era un asunto más relajado. Ahora parece que hasta los futbolistas se la toman de veras en serio. Juraría que antes combinaba un toque de pachanga con una pizca de emoción. Instalada en un elegante término medio, encajaba de un modo natural en el ambiente de agosto, donde todo parece tener remedio. Con la preocupación justa y un sencillo consuelo, juraría que en la antigua Supercopa de España ningún entrenador se jugaba el puesto. Juraría que nos ofrecía lo bueno de ganar, si ganabas, pero difuminaba lo malo de perder, si perdías.

Y todos contentos.

Igual es culpa de hacerse viejo, pero juraría que a aquella Supercopa le tenía afecto. Era el escaparate de los nuevos fichajes, las nuevas sensaciones, los nuevos balones. Era el trofeo del olor a nuevo. Juraría que un bajón de interés era hasta saludablemente bueno, porque todo en el fútbol tiende a ser demasiado intenso. La Supercopa era nuestro refugio cómodo de andar por casa hasta que llegó el dinero y se acabó el verano: el calendario demandó espacio para las giras de pretemporada en el extranjero y el petróleo regó con descaro los bolsillos idóneos, luego. Cómo será el tema que en el fútbol nos acostumbramos a cualquier disparate, y a este ecosistema ajeno no nos acostumbramos ni queriendo. Al revés, cada vez chirría más: el desprecio a Osasuna, el desfile delirante, los pitos a Kroos por apuntar en su día la falta de derechos humanos o el ultraje a la memoria de Beckenbauer durante el minuto de silencio. Un envoltorio de modernidad con ecos del medievo, donde todo tiene precio.

Diría que están abusando de nuestra postura cómoda hasta convertirla en incómoda. Si hasta nos daba pereza enfadarnos. Pero por si aún no estaba claro, la Supercopa de Arabia nos lo recuerda gritando: los hinchas no pintamos nada. Al menos, los clásicos.

Igual es culpa nuestra, también, por no entender los nuevos tiempos. Y lo cierto es que hace nada yo me identificaba con el chaval de la cantera que subía al primer equipo, con esa emoción pura, esa excitación y ese descubrimiento. Esto fue así hasta que un día pestañeé y al abrir los ojos me vi identificado con otro momento: con Oblak intentando evitar lo inevitable en la disputa del ya famoso esprint con Brahim en el derbi madrileño. La secuencia desplegó el tipo de lección natural que se enseña sin piedad en los documentales de animales. Ese tipo de ley inmemorial e irremediable. Por mucho que se esforzara, el pobre Oblak no pudo evitar que lo adelantaran igual que nosotros no podemos evitar hacernos viejos. No hay dignidad posible en ello.

Desde que ocurrió lo de Oblak y Brahim estoy fascinado con una captura de imagen que me pasaron. En ella sale el balón, a la izquierda, botando hacia la otra mitad del campo. Después, a la carrera y de verde, aparece Oblak. Y por último, de blanco y a la derecha, asoma Brahim. Llevo todo el día pensando en el reparto. Ya he dicho que nosotros somos Oblak, pero la pelota es más importante. La pelota es todo lo que nos haría más fácil la vida, y Brahim es la pieza que me falta. No le pongo cara, pero seguro que es el mismo tipo de gente que nos birló la Supercopa para llevársela a Arabia.

Enero de 2024

Chuta más fuerte
[Gente que va]

A veces las cosas no son lo que parecen. Teo y yo estábamos esperando a que su hermana saliera del conservatorio. Teo llevaba una pelota de plástico reciclado —porque está recibiendo una excelente educación interdisciplinar— y se puso a chutar contra la pared más cercana. La pared más cercana era la pared de una iglesia, en el único espacio despejado de la plaza. Yo estaba cansado como siempre, cansado porque sí, cansado de vivir, así que me senté en la escalinata para vigilar al pequeño Teo, que cruzaba voleones con el entusiasmo que solo un niño de seis años puede mostrar al volear una pelota.

La escena me hacía feliz, pero pronto me di cuenta de que estábamos bordeando un delito variado. Primero por jugar con una pelota en una plaza —aunque vi que había desaparecido el cartel de «Prohibido jugar a la pelota» que tanto odiaba—, y segundo porque la insistencia de la zurdita de Teo, con sus veinte chuts por minuto sobre los muros centenarios de la iglesia, se podría considerar un atentado al patrimonio en toda regla. Estaba a punto de decirle que parara, no fuera a ser que alguien se enfadara, cuando vi que se me acercaba una señora mayor. Lógicamente temí lo peor, porque como padre siempre pienso que me van a reñir, y además no podía interpretar la expresión de su cara porque yo no llevaba las gafas.

La señora se me plantó enfrente y me preguntó si ese psicópata de la pelota era mi hijo —sin decir lo de psicópata— y yo asentí poco convencido, por si acaso, pensando ya en la justificación ante la bronca, pero a veces las cosas no son lo que parecen. «Es igual que mi hijo cuando era pequeño», me dijo, y yo: «Ah, jeje». La señora se giró hacia Teo y se marchó al grito de «¡Chuta más fuerte!», dejándome ahí en la escalinata, esperando y aún cansado de vivir, pero ahora orgullosísimo de mi ciudad, de mi país y de mi especie.

Hay gente que va y gente que espera. La señora es de las que van y yo soy de los que esperan. Se me da bien esperar, así ha sido siempre. Esperar a y esperar que. Esperar a que me pasen el balón. Esperar que alguien se fije en mí. Esperar que mi equipo gane algo. Esperar que los problemas se resuelvan solos. Esperar a la jubilación. Esperar a que mi hija salga del conservatorio igual que esperaba a que saliera su madre, igual que un día esperaré a mi nieta. Se me da bien esperar. No me molesta.

▼ A veces las cosas no son lo que parecen, pero siempre tienen un porqué. ¿Por qué siempre desconfío de los árbitros y de la tecnología en el fútbol? ¿Dónde nació ese trauma? Quizá la otra noche hallara por fin la respuesta. Estaba hablando con Machicado y la conversación derivó hacia uno de mis primeros recuerdos del Mundial: un partido de Italia '90 entre Rumanía y la Unión Soviética. Lo recuerdo porque mi padre me había castigado sin verlo porque en lugar de comer había estado jugando partiditos de fútbol con trocitos de pescado sobre la mesa, pero al rato le debí de dar tanta pena que me dejó ver la segunda parte, porque imaginad qué pena daría yo, infinita: un niño entonces de seis años que lloraba en su habitación de Castellón por no ver un Rumanía-Unión Soviética.

El caso es que busqué el resumen y me topé con una doble epifanía: un escándalo de penalti que no era —los árbitros entraron así en mi cabeza— y unas repeticiones simuladas con computadora —una supuesta modernez que no aportaba nada—. Lo vi y lo pensé, ya está: quizá lo mío de ahora venga de allí, de ese trauma, porque las cosas siempre tienen un porqué, lo sean o lo parezcan.

Septiembre de 2022

Puto penalti
[Tan idiota]

Mira que pido poco, pero siempre hay algo que me está perturbando. A veces estoy tan tranquilo jugando al *Mini Football* en el móvil, en un entrañable momento de paz estival, y de repente me asaltan las más oscuras dudas, los peores recuerdos y las tareas pendientes. Es visto y no visto y me muero de asco: en una décima de segundo paso de celebrar victorias *on line* contra niños singapurenses a angustiarme por los correos que acumulo sin contestar, por cómo pasaremos el invierno o por lo que me espera al día siguiente en el trabajo.

Porque crecer conlleva, entre otros asuntos de relevancia limitada, tener un montón de recuerdos con los que pensar: «¿Cómo pude ser tan idiota?».

De hecho, la otra noche me abordó un recuerdo que casi había olvidado. Asomó en la memoria mientras jugaba una tanda de penaltis en el *Mini Football*, un juego que me recomendó mi hijo y yo a mi hijo le hago caso siempre, que por cierto, suelo decir que no tengo tiempo para leer y llevo dos semanas gastando un par de horas diarias con el juego este, que lo cuento aquí por si estáis buscando un modelo de conducta, para que os vayáis a otro lado.

El tema es que en plena tanda de penaltis, a vida o muerte, recordé una tarde cualquiera de 1998. Sé que era 1998 porque ese verano mi madre me compró la PlayStation 1, y añadí en el pack del regalo el juego del *FIFA* del Mundial de Francia '98. Meses después de esa gran compra —que me quitó horas de sol, de deporte y de sueño, pero que a la vez rebajó mis posibilidades de contraer una enfermedad de transmisión sexual en el instituto—, estaba yo en mi pueblo jugando unas partidas al *FIFA* con mi primo Joaquín.

En un momento dado, hice penalti. Cuando me lo iba a tirar, mi primo, que además es menor que yo, que entonces yo ya tenía mis quince añazos, me dijo que sabía un truco para parar los penaltis. El truco era ciertamente sencillo: el portero, o sea yo, tenía que quedarse quieto, sin tocar ningún botón del mando y entonces, me aseguró mi primo, la máquina pararía el penalti sola.

Le creí. Es evidente que el truco hacía aguas por todos lados, pero le creí. Aún no entiendo cómo, pero creí toda aquella farsa y no toqué ningún botón del mando. Me parece que incluso dejé el mando en el suelo para evitar el contacto. ¿Qué ocurrió? Como cualquier ser humano mínimamente avispado podría haber previsto, mi primo lanzó con calma burlona el penalti a un lado. Mi portero se quedó quieto —pues claro— y a mí se me quedó esta cara de tonto que todavía arrastro. ¿Cómo pude ser tan idiota? Juraría que ni siquiera mi hijo, que tiene cinco años, creería ahora semejante engaño.

Aunque prefiero no comprobarlo, por si acaso.

Lo valioso de todo esto y el mensaje que quiero transmitir al mundo es de ánimo. Ánimo a Riqui Puig, ánimo a los que pierdan en esta primera jornada, que no pasa nada. Ánimo a todos esos chavales que dudan, que les preocupa si un día podrán ganarse la vida y tener un trabajo. Que piensen que alguien como yo, que se creyó que el penalti se pararía solo si no tocaba el mando, lleva casi dos décadas trabajando. Superé aquello y no solo eso: vivo bastante bien, soy un adulto respetable, tengo dos hijos y varios premios ganados. Incluso me preguntan si le veo futuro al Barça de Xavi o si el Real Madrid podrá igualar lo del año pasado, como si fuera de interés mi opinión. Me preguntan esas cosas, en serio, y me pagan por decir algo. Así que ánimo: si yo pude, vosotros también.

Pero puto penalti, eh. Como pille a mi primo lo aplasto.

Agosto de 2022

El número 12
[La elección]

Suelo estar orgulloso de mis hijos y a veces lo hablo con mi mujer y lo comentamos. Siempre que vamos a un restaurante hay otros niños que se portan peor que los nuestros, y eso te hace sentir estupendo. Los nuestros sacan buenas notas, se portan bien y quieren a sus abuelos. Encima son guapos —o al menos no son feos—. Suelo comentar con mi mujer lo bien que nos salen los hijos, que nos debería pagar el Gobierno, pero a veces la vida te sorprende y da un vuelco. Eso pasó el otro día cuando Teo salió del vestuario tras su primer entrenamiento.

El caso es que salió supercontento. Había elegido dorsal para la nueva temporada y hasta aquí todo perfecto, pero ni en un millón de vidas adivinarías, amigo futbolero, qué dorsal eligió Teo. Debería haber sospechado algo, la verdad, porque ya se hizo del Getafe durante un tiempo y también decidió ser defensa* sin que nadie le obligara a ello. Eran clarísimas las señales, ahora lo veo y lo comprendo, justo ahora que voy a teclear el dorsal de Teo y noto cómo me tiemblan los dedos.

El DOCE: mi hijo Teo ha elegido llevar el número 12 esta temporada. El 12, amigo futbolero, que sabrás que es el peor dorsal de la historia del fútbol, el antidorsal, lo sabrás y me compadecerás seguro si eres de los buenos. Primero lo del Getafe,

* Ya no, menos mal.

luego lo de ser defensa* y ahora esto. Lo tengo que querer igual, pero está claro que acabará estudiando Periodismo y Comunicación Audiovisual si le dejo seguir eligiendo.

Algo está fallando en su educación. Hace poco vi un capítulo de *Compañeros*, esa serie a la que siempre hay que volver para entender este mundo tan complejo, y un padre se enfadaba muchísimo con su hijo porque el chaval no quería estudiar Económicas sino Biología. Yo no sabía que estaba tan mal vista la Biología. Tampoco sabía que le gustaba el 12 a Teo. Yo le digo a mis padres que quiero estudiar Biología y les doy la alegría de su vida, yo les digo eso en el instituto y me hacen un monumento. Imagina, amigo futbolero, cómo se hubiese puesto ese padre de la serie si su hijo le dice que va a llevar el dorsal 12, que va a escribir columnas o alguna otra desgracia sin remedio.

No quiero parecer exagerado, pero algo tendré que hacer con Teo. Está el mundo lleno de niños que sueñan con ser Benzema, Haaland o Lewandowski, y a mí me toca ser padre del único que sueña con llevar el 12 en la camiseta. El dorsal de Manolo el del Bombo, ojo, es que no hay derecho. He mirado la plantilla del Barça y el 12 era de Braithwaite y ahora aún no lo lleva nadie —por algo será—, y en el Villarreal es de Mojica, el último en llegar, —que también será por algo—.

El 12. Recuerdo un torneo, en cadetes o por ahí, donde mi amigo Pablo eligió el 12 para sorpresa de todos. Éramos una selección de varios equipos y la mayoría de compañeros no lo conocían: pensaron lógicamente que iban a compartir vestuario con un demente, con un auténtico loco. Uno dijo incluso que prefería no jugar un minuto en todo el fin de semana

* Que ya no, menos mal.

a llevar el 12, y estuvimos de acuerdo todos. Empezamos con la broma del 12, como aquí, y no la soltamos hasta que volvimos a casa. A otro le cambié mi 7 por su 11, porque así no se tenía que sentar al lado del 12, y nos reímos un rato. Veinticinco años después aún se me dibuja una sonrisa boba al acordarme yo solo. Qué bien se lo va a pasar Teo en el vestuario este año, qué envidia me da, aunque vaya a llevar el 12 entre los hombros. Amigo futbolero, seguro que me entiendes y no estoy solo: negaré haber dicho esto, pero yo lo llevaría también si pudiera volver a entonces un poco.

Septiembre de 2022

A la hora de la verdad
[El perrezno]

Cuando un jugador como João Félix aparece en nuestras vidas, se genera siempre la misma pregunta. A la hora de la verdad ¿será un mediapuntita o un mediapunta?

No es fácil ser un gran mediapunta. Es mucho más fácil dejarse engañar por un mediapuntita, uno de esos que juega muy bonito, pero se queda en el artificio. A menudo el matiz que los diferencia es mínimo. El gran mediapunta tiene lo mejor de los centrocampistas y lo mejor de los delanteros. El pase, la visión, el despliegue y la constancia de unos y la verticalidad y el remate de otros. También el regate de un extremo, incluso, algunos. Ni siquiera juega siempre en la posición clásica de mediapunta, pero al final siempre aparece por ahí, movido por la inercia, determinante sin remedio. El gran mediapunta genera y concreta, y además debe ser tan bonito como bueno. Sin embargo, abundan los que son más bonitos que buenos. De esos se dice que son unos magos, y yo he visto muchos. Son unos magos porque desaparecen en primavera, cuando más los necesitas.

Pocos gozos mejores que coronar tu equipo con un gran mediapunta. Son casi un milagro en vida. El unicornio futbolístico. Quizá lo más parecido sean las chanclas con calcetines y los primos. Me gusta el concepto *primo*: tiene lo bueno de los hermanos y lo bueno de los amigos. La fidelidad de unos, pero sin un compromiso excesivo. Un amigo vip, con derecho preferente, pero sin cadenas vitalicias, eso es un primo. En cuanto a lo otro, diré que este verano bajaba a la piscina y me picaban los mosquitos en los tobillos, por lo que empecé a usar chanclas y calcetines, algo que recomiendo porque es supercómodo, más allá de dilemas morales y estéticos. Disfrutabas de lo bueno de llevar chanclas y lo bueno de llevar calcetines. Tesoros vitales: normalmente no encuentras por ahí fortunas del tipo mediapunta o primo.

Por lo general, las combinaciones suelen ser distintas: lo malo de lo caro + lo malo de lo barato, lo malo de vivir en una ciudad pequeña + lo malo de vivir en una ciudad grande o lo malo de tener jefe + lo malo de no tenerlo. Los mediapuntitas suman lo peor de lo peor: ni trabajan ni deciden. Nadie les dice que no son tan buenos para correr tan poco, y si alguien se lo dice no se dan por aludidos. Igual llevan diez equipos en diez temporadas, pero les sigue funcionando el truco. Te embaucan con un par de controles y con algún detallito, con el típico gol fino con el partido resuelto, y cuando te das cuenta de la farsa suele ser demasiado tarde para ir a denunciarlo a comisaría. Cuando te das cuenta solo hay tiempo para los quejidos: «Oh, no, Don Fútbol lo ha vuelto a hacer. Me ha vuelto a engañar un mediapuntita. Lo sabía, pero es que le quedaban tan bien las botas blancas, pero es que jugó tan bien en ese Europeo sub-15…». Mentiras.

Lo peor de lo peor es un estado natural en el fútbol. Mi equipo, el típico club hidalgo que encalla en divisiones bajas, sufrió endémicamente lo peor de un grande —la exigencia desmedida— y lo peor de un pequeño —la ausencia de dinero—. Yo reúno, en un escorzo genético digno de estudio, lo peor de cada una de las ramas de mi árbol genealógico.

Leyéndome la mente, mi hijo Teo propuso un invento mágico el otro día: el «perrezno». Lo bueno de los perritos calientes y lo bueno de los torreznos. Es dura la genética. Sin duda tiene madera de mediapuntita.

Septiembre de 2023

The real experience
[Lo correcto]

Al final, siempre tengo hambre. Hace unos días, en un partido de la Primera Federación, ocurrió algo memorable. En la repetición de una de las jugadas, justo cuando el delantero iba a definir frente al portero, la pantalla se llenó con las fornidas espaldas de los ocupantes de la última fila de la grada, y no te dejaban ver nada. Hubo numerosas quejas y el asunto se viralizó, pero me pareció un ingrediente de veras innovador. La experiencia real, el fútbol como en el estadio, que ojalá vayan un poco más allá en la próxima retransmisión. Ojalá al contratar el servicio incluyan el envío de algunos tipos a tu casa, que te quiten el sitio, insulten al árbitro y te echen el humo del puro a la cara. Ojalá comenten cada jugada para dejar claro que no tienen ni puta idea de nada. Ojalá saquen un bocadillo al descanso y te entre mucha hambre. *The real experience.* Al final, siempre tengo hambre.

Otra noche reciente, desperté hambriento de madrugada y caminé hasta la cocina como un jabalí que baja de la montaña a la plana. Sobre la encimera encontré un tesoro en forma de almendras tostadas y saladas. Cuando iba a arramblar con ellas, sin embargo, recordé que al día siguiente mi hija se iba de excursión y pensé que probablemente las almendras fueran para ella. Pensé que las habría comprado y apartado a propósito, la imaginé buscándolas después por toda la casa y me dio mucha pena. Protagonicé entonces un gigantesco gesto de amor y regresé a la cama salivando, pero dejando las almendras intactas. Me dormí con el estómago vacío, derrotado en mi plan carpanta, pero satisfecho por mi impecable jugada.

Al día siguiente, cuando desperté, las almendras todavía estaban allí. Mi hija se había marchado. No eran para ella y pasé hambre para nada. Mi sacrificio terminó en el ingrato limbo de los esfuerzos en vano.

A menudo, la satisfacción íntima que produce haber hecho lo correcto no es suficiente si no se añade el reconocimiento externo. Me gustaba tener entrenadores que valoraban todo esto: la carrera extra por el «por si acaso» o la ayuda invisible al compañero que al final no te necesita y se las apaña solo. Los equipos se construyen con ese tipo de fatigas generosas y encubiertas, y lo demás siempre cojea a largo plazo. Sin ese pegamento gris, los grupos se van agrietando. Para qué me voy a esforzar si nadie parece reparar en ello. Para qué voy a sufrir si no tengo premio.

A veces damos por hecho lo correcto. A veces pensamos que hacer el bien es simplemente lo obligado, y que no se merece verbalizar el agradecimiento en estos casos. Si alguien hace nueve cosas bien y una sola cosa mal, y únicamente señalamos la equivocación, somos malos entrenadores, pésimos jefes y peores padres. Ganemos o perdamos, estaremos fracasando.

Las retransmisiones de la Liga no han llegado aún a la experiencia real de la Primera Federación, pero lo están intentando. Ahora nos enseñan algunas imágenes del túnel y del vestuario. Es todo tan bonito que *the real experience* muta en guion prefabricado. Para qué me sirve ver a los futbolistas diciendo «vamos, vamos» si luego prende la mecha del interés y nos lo siguen ocultando. Si hay lío entre Morata y Chimy Ávila, o entre Iván Alejo y cualquiera, y entonces se esfuman las cámaras en el túnel de vestuarios. Entonces miramos hacia otro lado. Es el fútbol ficción: pensamos que elegimos, pero ellos eligen y nosotros pagamos.

Septiembre de 2023

Alguien normal
[No era necesario]

El VAR es lo peor que le ha pasado al fútbol, como mínimo, desde que nací. De ese barco no me voy a bajar, aunque la batalla la tengamos perdida por múltiples cuestiones. El VAR, el fichaje del hermano de Engonga por el Castellón y un penalti que fallé en Betxí en cadetes: la trilogía de las catástrofes. A diferencia de lo mío, con el hermano de Engonga y con el VAR había grandes expectativas, y quizá por eso el dolor sea más grande.

Porque quisimos creer. En algún momento, yo también pensé que el VAR acabaría con la polémica en el fútbol, pero no. La polémica no se ha acabado sino al contrario. Cada semana se expande.

No quiero convencer de nada a nadie, pero ahora puedo recordar que el VAR parte de un anhelo equivocado: buscar la justicia en el fútbol. En realidad, uno de los aspectos más potentes del fútbol, y que lo diferencia de muchos otros deportes, es que no siempre gana el mejor, no siempre es justo. Por eso y por su carácter tribal se convirtió en el deporte más popular del planeta, el menos predecible y el más apasionante. También se dice que el problema no es la herramienta, sino su aplicación, pero eso tiene difícil solución, porque siempre habrá seres humanos al mando. La Historia de la humanidad está repleta de teorías excelentes que devienen en prácticas malas o imposibles, ya sea el comunismo libertario, el regreso de *Furor* o el McAuto para barcos. Añadamos cuanto antes el VAR a este bando.

Incluso en el caso de que la herramienta nos acerque a la justicia, por el camino arrambla con algo más importante. Por el camino, además de diferir la emoción, desnaturaliza el juego. El fútbol no es un deporte milimétrico, no es el béisbol: el fútbol es un deporte de brocha gorda, ritmo, contacto, pasión, continuidad y coraje. El fútbol no se puede juzgar a cámara lenta, es un absurdo invasivo que desvirtúa esencia y realidad entre parones extra y caprichos de los realizadores. Se entrega a los jueces el poder y el protagonismo que por derecho y por lógica reside en los jugadores.

Lo del VAR es como lo de Casillas en TikTok: no era necesario. De hecho, si estoy viendo un partido, el VAR es lo único que me genera ganas de quitar la tele. Antes podías asumir el error arbitral como parte de la vida y el deporte, y resignarte, pero ahora ves decisiones inexplicables que afectan a lo más hondo de la credibilidad, y no hay nada más grave. El penalti que le pitan al Leipzig contra el City, VAR mediante, es sencillamente delirante. Se ha retorcido tanto un reglamento asequible que ya nadie entiende ni sabe.

Entre tanto despropósito, eso sí, aún sobrevive algún héroe. El miércoles, el VAR llamó al árbitro del Bernabéu por otra de estas manos de nuevo cuño, antifutboleras y desesperantes. Fue tan pesado que al árbitro no le quedó más remedio que acercarse a la pantalla. Cuando decidió que no había penalti, me alegré profundamente. Todavía queda alguien normal en todo el planeta, pensé. Felix Zwayer se llama el árbitro. Héroe de su tiempo. Faro de Occidente.

Dicen también que una de las jugadas que propició la implantación del videoarbitraje fue el gol que marcó Henry con la mano en un Francia-Irlanda. Si el propósito era que no se repitiera, podemos estar tranquilos, porque puedo asegurar que Henry ya no marcará más goles con la mano. Henry está retirado. Objetivo cumplido, pasemos al siguiente, pero devolvednos eso que aún llamamos fútbol antes de que sea tarde.

Marzo de 2023

Posdata: No me dejéis escribir más sobre el VAR.

Danza española
[Se va complicando]

Me gusta llegar pronto a los sitios porque puedo estar un rato sin hacer nada, simplemente esperando. A veces me aburro y pienso algo: la otra noche estaba esperando a que saliera mi hija del conservatorio y me puse a pensar en viejos Clásicos. Imagino que esto no solo me pasa a mí: recuerdo mucho mejor todos aquellos Barça-Madrid de la época escolar que los más cercanos de los últimos años. Recuerdo hasta las conversaciones que al lunes siguiente teníamos en el colegio —más importantes de ganar que el propio partido—, pero debo consultar Google para saber qué ocurrió exactamente hace un par de años. Que esa es otra. Si nos vamos a olvidar en unos meses, ¿por qué tanto sufrimiento mientras se está jugando? Tanta energía desperdiciada. Tanta pasión en vano.

Mis profundos y trascendentales pensamientos sobre el fútbol y la memoria fueron interrumpidos por la llegada de mi hija, que se presentó con una frase catedralicia: «No puedo vivir sin la danza española». No sé qué debe contestar un padre a algo así, pero sin duda yo no estaba preparado.

En realidad, con Delia casi nunca hace falta decir nada. Me gusta estar con mi hija porque puedo estar mucho tiempo sin hablar, simplemente escuchando. Me pareció entender que este año hace danza clásica y algo de contemporánea en el conservatorio, pero no danza española. También entendí que ella no esperaba que yo dijera algo, solo quería contarlo. Y yo podría vivir sin casi todo, incluso sin un Barça-Madrid, pero no sin esos ratos de escuchar a mi hija decir que no puede vivir sin la danza española.

Creo que os conté que en verano empezamos a ver la serie *Compañeros*, porque este curso va a 1.º de ESO, para que se fuera preparando. El caso es que a mi hija le ha gustado tanto que sigue viéndola y alcanzando temporadas que yo no había visto, o no recordaba. Es tremendo cómo la trama se va exagerando. Al principio como mucho salía alguien fumando y le decías: «Tú no fumes, eh», y ahora los mensajes ya son del estilo: «Oye, no se te ocurra jugar a la ruleta rusa con un proxeneta, eh». Algo parecido, por cierto, pasa en el fútbol y también pasará en este Clásico. En el minuto 5 los tuyos fallan una ocasión y bueno, no pasa nada, pero en el minuto 89 pifian un saque de banda y quieres matarlos. El tema se va complicando.

A veces, cuando estoy esperando, aprovecho también para leer artículos pendientes que he ido acumulando. Hace poco caí en una entrevista antigua a Esteban Granero, que apareció en una pestaña. Contaba que su hermano mayor, cuando era niño, le dijo: «Si quieres ser futbolista tienes que hacerme caso en todo lo que te diga». Por lo visto Granero le hizo caso y llegó a profesional, sobre todo porque tuvo suerte de que yo no fuera su hermano. Ese «tienes que hacerme caso» habría sido muy diferente conmigo. No lo habría utilizado para enseñarle a jugar a fútbol, precisamente. Más bien lo habría usado para pedirle que trajera comida de la nevera, que devolviera películas al videoclub… «Si quieres ser futbolista tienes que hacerme caso». Una táctica perfecta. ¿Por qué no se me ocurrió antes?

Son cosas que pienso mientras estoy esperando.

Octubre de 2023

Si quieres, puedes
[Cortarte la mano]

Cada semana pitan algún penalti propio de los nuevos tiempos y los futbolistas se excusan a pie de campo. Los futbolistas se encogen de hombros, se inclinan sobre el micrófono y dicen: «Es que no me puedo cortar la mano» y yo, desde mi sofá, no lo tengo tan claro. Porque a ver, técnicamente, la práctica quirúrgica ha avanzado lo suficiente para que te puedas cortar la mano con una precisión y una seguridad médica e higiénica impecables, si quieres. Otro tema es el grado de compromiso que tengas con el equipo, el lugar que ocupe en tus prioridades vitales ganar ese partido y la importancia real que le des a ese penalti y a lo de tener dos manos, pero poder, puedes. Asúmelo, que te estás autoengañando. Si quieres, puedes. Lo remarco.

En todo caso, aparcando el asunto específico de cortarse o no la mano, estas fantásticas intervenciones del VAR están generando un ejército de afectados: personas adictas al videoarbitraje. Más pronto que tarde, con esta pobre gente habrá que hacer algo. Conozco ya algún grupo clandestino de WhatsApp con *VAR Alert.* Existen tipos oscuros que aún ven los partidos de fútbol completos y se encargan de avisar al resto de las liadas del VAR. Las comunican a los demás, que no ven los partidos pero se conectan de inmediato al recibir el aviso para disfrutar del realismo mágico arbitral. Falta poco para que en los institutos envíen una circular a los padres advirtiendo de los riesgos, y para que haya clínicas de desintoxicación específicas para esto. De hecho, como ocurre con cualquier desgracia, asoman al hilo algunas ideas de negocio. Dinero sucio: una aplicación que te avise de estos momentos, sin demora, por ejemplo. O una suscripción televisiva solo para los espectáculos arbitrales. Podríamos elegir entre Movistar VAR, Movistar Liga y Movistar Liga de Campeones.

También empiezo a sospechar que al VAR, cuando pase un tiempo, le puede pasar lo del porno, la política o las series malas: cada vez tendrá que ir un poco más allá para mantener la atención de la audiencia. Un día pitarán un penalti porque la pelota roza las uñas de un defensa y no nos causará ningún impacto verlo. Nos parecerá normal porque lo habremos asimilado en nuestro cerebro. Será entonces el momento de introducir un nuevo giro o un nuevo género. Quizá el futuro pase por la adopción de los penaltis psicológicos, que ya los deben estar probando en alguna liga minoritaria, una de esas sin seguridad social ni contratos, donde no es tan raro lo de cortarse la mano.

Porque si quieres, puedes. No descarto que alguien se haya propuesto destruir el deporte más popular del planeta a base de implantar ideas de deportes menos exitosos. Si es así, está bordando la tarea.

Por terminar, y en realidad, hay un montón de cosas que pensamos que nos habría gustado conseguir, pero tampoco nos esforzamos tanto. Con el condicional nos conformamos, nosotros los privilegiados. Lo de hacerse premio Nobel, futbolista o alto funcionario es un poco como lo de cortarse la mano. De manera consciente o inconsciente consideramos que no compensaba asumir el esfuerzo necesario. Si había que dejar de comer torreznos, de jugar a la consola o de salir de jueves a sábado, pasando. Honestamente, ahora nos podemos quejar o lamentar, pero intuyo que entonces no nos importaría tanto.

Diciembre de 2023

Aireando traumas
[Peliculón]

Hace poco leí en este periódico un titular impactante: «Enrique sigue cobrando por airear sus traumas». Por un momento pensé que la noticia hablaría de mis columnas, pero después me fijé y no era yo el protagonista. En realidad, el tema iba sobre el príncipe Harry, *aka* Enrique, *aka* el duque de Sussex, pero el susto ya no me lo quitaba nadie.

De vez en cuando, en esa línea traumática, me acuerdo de Randal Kolo Muani. Igual no os acordáis de Kolo Muani: es el futbolista francés que tuvo aquella ocasión clarísima en el último minuto de la prórroga en la final de la Copa del Mundo, la que ganó primero Catar y después en los penaltis Leo Messi. De vez en cuando me acuerdo de Kolo Muani y me pongo un poco triste. Imagino cuántas veces habrá pensado en ese instante, cuántas veces se habrá preguntado por qué el portero sacó aquella pierna inverosímil, por qué no se la pasó a Mbappé que llegaba solo, por qué no optó por la vaselina en lugar de pegarle fuerte. Todo eso lo imagino yo, y me pongo hasta nervioso, y eso que ni me va ni me viene, así que él cómo debe llevarlo. Cómo convives con algo así. Era la final de la Copa del Mundo. Era marcar el gol decisivo en el último minuto de la prórroga en la final de la Copa del Mundo. Era el billete para la inmortalidad del héroe, era lo más: no existe nada más grande.

Cómo volver a tocar una pelota después de lo que le pasó a Kolo Muani. Sin acordarte.

Por las noches aún pienso a veces en un penalti que fallé en edad cadete, y recuerdo casi todo de aquella tarde. Recuerdo que salimos a calentar y vi que no estaba pintado el punto de penalti, pero en lugar de comentárselo al árbitro o al entrenador me callé, no sé por qué. Recuerdo que luego pitaron penalti en esa portería, me tocó tirarlo desde una distancia incorrecta, me lo paró el portero y aún me duele. Aprendí entonces a quejarme cuando la situación lo requiere y, aunque sé que aquel era un partido corriente y lo ganamos fácil, aún pienso a veces en eso del punto de penalti.

Cómo vivirá esas memorias Kolo Muani, cuando se quede solo, en la noche.

Me sabe tan mal por el chico que hay días que bordeo la locura, e incluso quiero que el próximo Mundial lo gane Francia, con gol de Kolo Muani.

En todo caso, mientras sufro por Kolo Muani sigo cobrando por airear mis traumas. También por compartir mis ideas. Cuando para la Liga, los periodistas deportivos tenemos demasiado tiempo para pensar. Muchos compañeros aprovechan los partidos de las selecciones para coger días libres. Aquí está mi idea: una película. Como esa de Sofia Coppola en la que unos chavales entraban en mansiones de famosos al ver en las redes que se habían ido de viaje, pero con las casas de los periodistas deportivos. Y entrarían en casa de Maldini, por ejemplo, y descubrirían que, en lugar del fútbol internacional, su verdadera pasión es el fútbol modesto, y solo tendría vídeos del Calahorra, del Mollerussa y del Conquense. Y en casa del madridista Roncero habría una habitación secreta con pósters del Barça, el edredón del Barça, la toalla del Barça, la cubertería del Barça y las zapatillas de felpa del Barça. Y todo así, todo mentira, y luego les chantajearían y se harían millonarios. A Maldini lo podría interpretar Javier Cámara o Pepe Viyuela, y a Roncero Jorge Sanz o el padre de Valle y Lolo en *Compañeros*.

Peliculón. Cuando me den el Goya por esto, se lo dedicaré a Kolo Muani el primero.

Marzo de 2023

Un minuto es un minuto
[La inmensidad del cosmos]

El jueves, mi hijo Teo encontró un reloj de pulsera olvidado en un cajón y se lo adueñó. El reloj de Teo ha sido estos días y en esta casa la gran atracción. Aquí intentamos ser felices con poco, porque no existe otra manera certera de serlo. El viejo-nuevo reloj es el primer reloj de mi hijo, que solo se lo quita para lo esencial, esto es: entrenar y jugar partidos.

Durante el primer día de su nueva vida con reloj, mi hijo nos mantuvo informados de la hora con precisión. Íbamos en el coche, parábamos en un semáforo y apuntaba: «Las tres horas y veinticuatro minutos». Cambiaba el semáforo en verde, reanudábamos la marcha y matizaba: «Las tres horas y veinticinco minutos». Estábamos viendo la tele, tan tranquilos, y de repente rompía el silencio en el sofá: «Las nueve horas y diecisiete minutos». Cuando lo arropé en la cama y le di las buenas noches, activó la luz de su superreloj y se despidió: «Las diez horas y seis minutos».

Todo iba más o menos bien con el niño-reloj hasta que despertó al día siguiente. A Teo le dio por contrastar, un error infantil y recurrente. Asaltó nuestra habitación al borde del llanto porque su reloj iba un minuto adelantado respecto al teléfono móvil de su hermana mayor. Le dije que no importaba, que daba igual, pero estaba claro que él lo veía de otra forma. Le importaba y no le daba igual. Un minuto es un minuto. Mi hijo no se achantaba frente a la inmensidad del cosmos. Para Teo era muy importante saber qué hora era exactamente, un asunto vital. Requisó nuestros móviles para comparar y empecé a asustarme por esa obsesión. Se empieza así y se acaba siendo árbitro.

No tuve más remedio, para cortar esa peligrosa tendencia, que ajustar la hora de su reloj y sincronizarla con la del resto de teléfonos de la casa. El niño pareció quedarse tranquilo, aunque volvía cada diez minutos para comprobar que todo seguía en orden. Le invité a jugar a la Nintendo, a ver si cambiaba de vicio. No le obligué a fumar porque en casa no tenemos cigarrillos.

No sé hacia dónde evolucionará la relación de mi hijo con el reloj, pero si es como yo se le irá pasando poco a poco. Ahora siente que no puede vivir sin eso, pero un día, sin saber muy bien por qué, la novedad termina. Lo nuevo es pureza. Teo viene de su primer Mundial y esta temporada es la primera que le está importando más o menos en serio. Como lo de saber la hora en todo momento, todo está siendo para él prácticamente nuevo. La primera ola en las gradas, el primer florecer del sentimiento de pertenencia y las primeras celebraciones sacando el puñito, levantándose del asiento movido por un júbilo incipiente y honesto. Suelo observar en silencio sus reacciones naturales durante los partidos, cuando puedo acompañarlo al estadio, y es muy divertido. Lo observo también con un punto de ternura y envidia. Su afición es todavía limpia, sin facturas, sin cicatrices y sin dramitas. Un delicado milagro que no durará mucho tiempo.

El fútbol no tiene edad, pero nosotros sí. A medida que lo nuevo se convierte en viejo, la mirada se ensucia y vas perdiendo la inocencia. Por ceñirnos al reloj, y sin tocar sumarios judiciales: un minuto es un minuto, y dudas hasta del tiempo de descuento.

Marzo de 2024

Crear contenido
[Hijo Número 3]

No falta mucho para que estas columnas desaparezcan durante un tiempo. Os aviso porque no sé exactamente cuándo me iré y cuándo volveré: depende primero de la fecha de nacimiento de un bebé y, después, de la gestión de eso que llaman permiso de paternidad, dos variables misteriosas que todavía no manejo. Lo mejor de ser padre otra vez es el material para las columnas que me deparará la experiencia. Yo no procreo, yo invierto. De hecho, en casa, a lo de tener hijos lo llamamos «crear contenido», pero eso lo explicaré en otro momento.

Me hubiese gustado que Hijo Número 3 hubiese nacido el miércoles, porque era mi 40.º cumpleaños el miércoles. Esta coincidencia me habría asegurado pasar desapercibido en mis futuros cumpleaños, algo que no se paga con dinero. Pero Hijo Número 3 no nació el miércoles, evitó eclipsarme y entonces me preguntaban mucho por lo de cumplir cuarenta años. La gente piensa que cumplir cuarenta años no me gusta, y acierta, pero por el motivo incorrecto. Piensa que no me gusta cumplir cuarenta años porque son muchos años, y en realidad me gustaría estar cumpliendo setenta.

Mi momento favorito del día ocurrió en un grupo de WhatsApp. Un amigo me felicitó reenviando un mensaje de otro grupo, de otro cumpleaños. Apareció en pantalla la palabra «felicidades» con algunas exclamaciones y un emoji de fiesta. Por debajo ponía «reenviado». No puedo querer más a esa persona; esa vagancia, esa falta de escrúpulos y esa indolencia. No es que le diera pereza teclear, es que ni siquiera optó por copiar y pegar. Era demasiado esfuerzo. Mi amigo tenía las mismas ganas de felicitarme el cumpleaños que yo de celebrarlo. Me gustó tanto que hice una captura de pantalla y ahora la miro de vez en cuando. Es el regalo que merezco.

La verdad es que he tenido cumpleaños peores y casi siempre con el fútbol de por medio. Varias veces coincidió con la resaca de duras derrotas de España en los Mundiales. Mi decimoctavo cumpleaños fue memorable: lo pasé haciendo Selectividad. Hace unos años coincidió también con una eliminación de mi equipo en un *play-off* de ascenso. En casos así, y sin pretender hacer apología de ello, el alcohol me parece un digno complemento.

Pero hay que andarse con ojo. La semana pasada anduve por ahí algo disperso y al volver al hotel, un poco borracho, cometí un error reincidente en mi historial de desperfectos. Entré a Instagram, me puse a ver *stories* y saltó un anuncio irresistible: una camisa estampada con un cartel de helados al completo. Lógicamente consideré que no podía vivir sin ella, así que mordí en el anzuelo.

La adquisición se unió a anteriores compras en similares condiciones etílicas. A saber: la máquina de ejercicio de Chuck Norris, la caja de música con la sintonía de *The Office* o media discografía de José Luis Perales. Podéis imaginar la tensión que siento cada vez que llama a la puerta el cartero.

Lo de la camisa de helados lo descubrí porque al día siguiente entré al correo electrónico y vi el recibo del pago. No era un sueño. Esta falta de criterio con un par de tragos me descarta como futuro director deportivo, o no. Realmente, esta manera de proceder explicaría un buen número de los fichajes que vemos, y no hace falta decir nombres, ya sea en el mercado de verano o en el de invierno. Si una noche me sale en Instagram un anuncio de algún futbolista brasileño, lo compro y os lo cuento. Y si después lo trae el cartero, negociamos y os lo vendo.

Junio de 2023

Una desconexión sanísima
[Un plan tranquilo]

Alguna vez, por algún extraño acontecimiento de la vida, me he perdido algún partido importante de mi equipo. En estos casos, si me cruzo con gente por la calle, enseguida pienso: «Estos no son de fiar, que no están viendo el partido», sin reparar en que ellos podrían estar pensando sobre mí lo mismo.

Con el tiempo, he intentado juzgar menos a los demás y ser más comprensivo. En los últimos días, y sin necesidad de que juegue mi equipo, mi paciencia se ha puesto a prueba en un par de situaciones de tráfico. Las típicas escenas que en algunas culturas se resuelven sacando del maletero un hacha, una motosierra o un martillo, pero que yo, el nuevo Enrique, el Enrique más maduro, solventé encadenando profundos suspiros. Haciendo el bien y ayudando a la convivencia municipal y la paz mundial, hasta pensé en positivo: «Bueno, estos inútiles me están jodiendo el día, pero al menos no están en el crucero de Neymar».

En el fondo, y al hilo, siempre he llevado fatal lo de puntuar las actuaciones de los futbolistas en la pieza que acompaña la crónica de los partidos. Suele haber poco margen para el matiz porque solo importa el número. De hecho, es un acto tan injusto como absurdo, porque desde la tribuna de prensa, fuera del campo y del vestuario, jamás dispondremos a tiempo real de los suficientes elementos de juicio. Ni siquiera manejamos los datos tan rápido: concretar en una cifra el valor de la actuación de un futbolista es simplemente un delirio.

Es este un lamento recurrente en el oficio y quizá en la próxima jornada me atreva a escribirlo: «Falló dos goles, cometió tres penaltis y fue expulsado, pero no sé si tiene algún problema familiar, mental o físico y, sobre todo, por lo menos no estuvo en el crucero de Neymar: aprobado, un 5».

El crucero de Neymar. Supongo que algo habréis oído, un concepto fantástico que evoca a aquel inolvidable cumpleaños de Ronaldo. Tecleo de memoria el menú de la cita marítima: tres días, tres fiestas temáticas, pasajes de miles de euros, una bolera, un cine, un teatro y un casino. Lo que se dice un plan tranquilo. Una desconexión sanísima para esta semana sin Liga. Diría yo que ideal para todos estos días tontos entre Navidad y Nochevieja, incluso, que nunca sabes muy bien qué hacer con los niños.

En realidad, nunca he estado en un crucero, y mucho menos en el crucero de Neymar, así que el nuevo Enrique, el Enrique más maduro, evitará juzgar en esta columna eventos de este tipo. Al mismo tiempo, igual me contradigo, porque aquí sí consideraría relevante una pieza periodística con las puntuaciones de los amigos de Neymar en el crucero de Neymar. Es un producto por el que pagaría una suscripción con gusto. Los clásicos: el crack, el dandy, el duro y vaya día. Muy mal se tendrían que dar las cosas para que suspendiera alguno.

No controlo el tema, ya digo, pero es verdad que una vez me topé con un cartel que anunciaba un crucero temático con música de los años ochenta y era bastante terrorífico. Me imaginé a bordo, en los conciertos de aquellos grupos, sin opción para escapar, atrapado en medio del océano y rodeado de orcas, y bueno, en fin. No parecía bonito.

Diciembre de 2023

Sigue ganando
[Movía los brazos]

Abrazar el pragmatismo para ganar títulos sin rubor con el Barcelona es algo que solo podría hacer Xavi Hernández, de la misma manera que solo el PP de José María Aznar podía derogar el servicio militar obligatorio sin que apenas nadie se quejara. Al resto no se lo habrían permitido. A estos se les perdona.

Cuando iba al colegio, a menudo me sentaban al lado de algún chico repetidor o problemático. Esto se debía, supongo, a que yo era todo lo contrario. Yo era un niño dócil que sacaba buenas notas. Pronto me di cuenta de que ir pasando de curso arrastrando esa fama ayudaba. A mí me perdonaban historias que con otros castigaban.

Por ejemplo, un día que teníamos que llevar postales navideñas, yo había preparado dos y mi compañero ninguna. Lógicamente le presté una de esas dos, porque no soy una rata. La sorpresa llegó a la hora de la corrección, porque la profesora alabó la mía y criticó con crueldad la otra, en voz alta. Quizá la mía fuera algo mejor, pero os aseguro que no había tanta diferencia. Mi compañero me miró y ni él ni yo dijimos nada. Nos quedó claro que él debía hacer más que yo para llegar al mismo plano.

El relato del Barcelona es tan potente y está tan asentado en el imaginario colectivo que a menudo la realidad no importa. La subjetividad está ganada. ¿Cuántas veces vemos jugar al Barça como el Barça dice que juega? Pocas, pero no importa, sobre todo si el entrenador es un símbolo y sobre todo si ganan. ¿Cuántas veces hemos visto jugar a Brasil como Brasil dice que juega? Menos, pero inconscientemente seguimos asociando a Brasil con el *jogo bonito* y el fútbol samba. Las contingencias pasan, pero si el estado de opinión ha arraigado, permanece la marca. Importa más lo que digas que lo que hagas. Sobre todo si sigues ganando.

De un tiempo a esta parte ya se permite comentar que se puede jugar bien al fútbol de diferentes maneras, que Araújo es más eficiente que Eric García o que Busquets agradece la nueva compañía en el centro del campo. Que por adaptarte no te estás traicionando. Todo eso ha calado, y no pasa nada. Lo único que chirría es que sugerirlo siquiera, hace poco, te convertía en mala persona. Era propio de gañanes y bárbaros. No era digno del ADN. Era motivo de espanto.

Ese fluctuar de los estados colectivos de opinión siempre me ha extrañado. Pocas cosas son más complicadas para un futbolista que voltear unas etiquetas que se forman, con frecuencia, a base de prejuicios que te desbordan. La semana pasada leí una noticia sobre Dani Parejo. Todos sabemos la fama con la que ha crecido el futbolista Parejo. Que si no se cuida, que si no trabaja... Pues resulta que lleva una década por encima de los treinta partidos de Liga, cada año. Resulta que no hay nadie más fiable. Resulta que el presuntamente poco profesional es en la práctica el más profesional de todos. Sin aspavientos. Sin cogerte del brazo. Solo hace su trabajo.

Resulta también que Parejo es uno de los centrocampistas que más balones recupera de toda la Liga, en especial en campo contrario. Eso dicen los datos. A otros hay que buscarlos en la estadística de patadas a destiempo y de tirarse al suelo cuando la pelota ya ha pasado, para llevarse los aplausos. Es igual que esos que al hablar mueven mucho los brazos, que los escuchas y los miras y los aplauden y al final piensas «¿pero este qué ha dicho?». Nada ha dicho, pero movía los brazos. A su manera, sigue ganando.

Marzo de 2023

El fútbol te pone en tu sitio
[El brillo apagado]

Los habituales sabrán que debía ir a Frankfurt a jugar un partido con la selección española de escritores, llamada La Cervantina. Sabrán que teníamos que jugar contra los alemanes y sabrán también que me hice un esguince en un partidito previo, por lo que mi concurso era dudoso hasta última hora. Deben saber ahora que sí, que fui y jugué, aunque todas las señales se acumularan en mi contra.

Lo primero fue el control de acceso en el aeropuerto. El sensor no captaba el código de mi tarjeta de embarque y una amable trabajadora se acercó, cogió mi teléfono y me dijo: «Es que tienes el brillo apagado». Se refería evidentemente a la pantalla del móvil, pero la definición encajaba a la perfección con mi persona. Con el brillo apagado llegué hasta mi asiento en el avión y ahí recibí el segundo puñetazo: mi compañero era un calvo con coleta, que ya os he dicho varias veces que tengo pánico a esa subespecie humana que representan los calvos con coleta.

El caso es que llegamos a Frankfurt y todo perfecto: La Cervantina estaba repleta de audacia, inteligencia e ingenio. Lástima que solo mostrara esos atributos fuera del campo. En el entrenamiento previo hubo que parar rápido: en 15 minutos ya nos habíamos retirado tres o cuatro. Después participé en un debate o algo así y plantearon una interesante pregunta: «¿Cómo será el fútbol dentro de veinte años?» Interesante, pero quizá demasiado ambiciosa la pregunta. No sé qué voy a cenar mañana y esperaban que supiera cómo será el fútbol dentro de veinte años.

El día del gran partido salimos al campo con unos niños cogidos de la mano. Mi niño no dijo ni una palabra y estuvo a punto de llorar todo el rato. Intenté ser amable, pero fue en vano. Le pregunté su nombre y ni me miraba. A ese niño le temblaba el ojo al borde del llanto. No dejaba de mirar a su madre. En cuanto sonaron los himnos huyó de mí con un esprint memorable.

Me pasaron mil cosas en unos días tan divertidos como inolvidables, pero me quedo sin espacio, y ya las iremos contando. Yo duré seis minutos en el campo, el tiempo que tardó en patear mi tobillo maltrecho un fornido autor germano. ¿Cómo sabía ese tipo lo de mi tobillo? Igual ayudó que me hubiera pasado dos días contándoselo a todos los alemanes que me decían algo. Teniendo en cuenta la pasta que me gasté en el fisio, ni siquiera los minutos de Hazard en el Madrid salen tan caros. Lo bueno es que pasé de ser un lateral cualquiera a un héroe de la patria. El esguince grado 1 es ahora grado 2, así que algo hemos progresado.

Perdimos 3-1 y en fin, a veces el fútbol te pone en tu sitio y a mí, en Frankfurt, el fútbol claramente me puso en mi sitio. Antes podía pasar meses sin jugar y sin cuidarme, sin hacer ejercicio, podía estar meses saliendo de fiesta tres días a la semana y de repente me decían «vente a jugar mañana», y podía jugar y jugaba bien y me divertía y no me pasaba nada. Pero ahora tengo casi cuarenta años, me dijeron «vente a jugar» y ¿qué me ha pasado? Me ha pasado que el primer día me hice un esguince en la segunda carrera, y el segundo día me tumbaron en la tercera. ¿Por qué? Porque el fútbol te pone en tu sitio, no engaña: me deja jugar con mi hijo y sus amigos un partidito infantil en el pueblo, sin problema, pero entre adultos es otro tema. Entre adultos llega un momento que no te alcanza. ¿Y qué le está pasando al Barça en la Champions? Lo mismo: que el fútbol a veces te pone en tu sitio. Y el nivel actual del Barça le da para ganar muchos partidos, pero no los partidos que valen mucho.

Octubre de 2022

Un poco curazoleño
[Ni siquiera eso]

Afronto cada uno de estos parones propiciados por el fútbol de selecciones con la misma inquietud. ¿Y si descubro que soy más feliz sin la Liga? Quizá sea este el fin de semana definitivo, y llegue el lunes y resuelva que sí, que mejor así, madrugando para ver la Fórmula 1, pasando de la pelota y yendo al cine, de pícnic o a los karts con los niños. Quizá llegue el lunes y asuma por fin que construimos todo sobre una mentira: la que asegura que nos importa muchísimo la Liga.

Añado, al hilo, que por muchas ventanas FIFA que hayamos abierto, siempre queda por descubrir algún país que suene a recién inventado en un videojuego. Lo digo desde el máximo respeto, y también con un punto de admiración por lo exótico y de envidia por lo ajeno. Mis cuatro abuelos eran de Teruel, del mismo pueblo*, un hecho bastante práctico a la hora de realizar visitas en verano, pero que limitó desde el principio mis opciones como futbolista internacional. Se trata de un error común en el que también caí yo después, por supuesto. A veces me pregunto cómo pude fallar en eso, cómo me junté con mi pareja sin investigar antes si tenía raíces en algún país pequeño, tipo Guam, San Marino o Curazao, un país de esos a los que llamar a la federación de fútbol para ofrecerse, en plan mi bisabuelo estuvo por allí

* Rodenas.

expoliando los recursos del país y explotando a los nativos, y mi abuela me contaba sus historias antes de dormir, me enseñó a hablar el papiamento y por eso siempre me he sentido un poco curazoleño.

Con lo que pienso yo en estas cosas y en realidad lo hice todo mal. Es una lástima. Ni investigué las opciones de pasaporte que podría ofrecer el árbol genealógico de mi pareja, ni fuimos a que nuestra descendencia naciera en algún lugar compatible con la política de fichajes del Athletic de Bilbao. Ni siquiera nos las apañamos para que nacieran en enero, o al menos antes de abril, que he leído que tienen muchas más probabilidades de ser deportistas profesionales los que nacen en el primer trimestre del año, porque disfrutan de una ventaja física y cognitiva a desarrollar desde el primer momento. Ni siquiera eso. Lo hice todo mal, desde el punto de vista estadístico, y ahora me arrepiento.

Por no hacer, ni siquiera dejamos solos a los niños con una pelota en medio de la calle. No solo eso, además les obligamos a ir al colegio. Después entrenan en campos de césped artificial con el mejor equipamiento. A menudo, incluso, desayunan aguacate. Lógicamente, jamás llegarán a ser futbolistas profesionales con estos obstáculos, y habrá un día en el que no duden en reprochármelo. No tendrán más remedio, los pobres, que hacerse ingenieros.

Porque está visto que llegar a ser futbolista exige una serie de sacrificios tremendos. Hace unas semanas leímos una noticia reveladora al respecto. El Besiktas despidió a un joven futbolista por usar una app de citas. El club y la afición consideraron, según cuentan, que ese comportamiento no era apropiado. No lo sé, igual el chico debería haber hecho como dicen que solían hacer antes los futbolistas (no tengo pruebas, algo he oído, también sobre los periodistas): irse de putas.

Quizá eso se hubiera considerado apropiado y quizá así le hubieran apoyado sus propios hinchas.

Marzo de 2024

Probabilidades
[El superordenador]

Soy consciente de que veo demasiado fútbol. Esto ocurre en parte porque ver fútbol es la base de mi trabajo y no tengo más remedio, pero no quiero que sirva de excusa. Soy el único culpable: tantas décadas de observación más o menos atenta se traducen en claras secuelas. La semana pasada estuve en el Castellón-Barça Atlètic y de aquello ya recuerdo poca cosa. Lo único que permanece intacto en mi cerebro, y por tanto fue sin duda lo mejor y lo más importante para mí del partido en cuestión, es el concurso del descanso, que consistía en chutar desde la frontal del área y darle al travesaño. También recuerdo un poco una animada tangana que acabó con dos expulsados y amenazas varias. Eso asoma en mi memoria hoy como resumen de las mejores jugadas. Es por ver demasiado fútbol. Me lo dice el cerebro.

Cuando opto por no ir al estadio y quedarme en casa, el asunto no mejora. Mi divertimento futbolero favorito a día de hoy es tratar de adivinar el porcentaje de éxito que otorga la analítica a las ocasiones de gol. Algunos conoceréis el tema: cuando pasa un rato, después de un gol, en la tele lo repiten con un gráfico que indica la probabilidad que tenía el goleador en el momento del chut. Es algo que me vuela la cabeza. Ocasiones que me parecían clarísimas son en realidad complicadas, y viceversa. No logro entender si falla la herramienta o nos fallan la vista, el conocimiento y la experiencia.

O se equivoca la estadística o llevamos engañados con el fútbol toda nuestra existencia.

Porque si esto es correcto, ¿cuántas veces nos hemos preocupado por ocasiones del rival que no tenían peligro? ¿Y cuántas veces nos hemos ilusionado por casi goles de nuestro equipo que eran medio imposibles en la práctica? Tanta pasión para nada. Tanta energía desperdiciada. Vivimos de mentira en mentira, en una ilusión falsa.

Porque si un futbolista que se planta frente al portero tiene apenas un 9 % de probabilidades de marcar gol, como nos dijo la analítica en Vallecas, ¿cuántas tenía yo de que mi madre me enviara disfrazado de alcachofa al colegio? ¿Por qué ocurrió? Imaginen una vida con esa herramienta siempre operativa. Imaginen que se pudiera utilizar para cualquier cuita. En el instituto, por ejemplo, la típica situación crítica: me gusta esa chica, ¿cuántas probabilidades tengo de que acepte salir conmigo? Un 2 %. ¿Me compensa asumir ese riesgo?

No lo creo. El mundo tendría menos magia y nadie jugaría a la lotería, pero nos habríamos ahorrado unos cuantos ridículos.

Hace poco también escuché hablar de un superordenador. Anunciaron con mucho énfasis que un superordenador iba a calcular qué equipos tenían más posibilidades de bajar, a final de temporada, a Segunda División. Este superordenador posee sin duda una inteligencia superior, porque si no cómo iban a llamarlo superordenador. Aguanté atento frente a la tele esperando los resultados del análisis certero del superordenador. Retrasé la cena para no perderme la predicción del superordenador.

El superordenador dijo lo que nunca nadie jamás sospechó: los tres últimos de la clasificación eran los tres que más probabilidades tenían de bajar a Segunda División.

Veo demasiado fútbol. La culpa la tengo yo. Increíble el superordenador.

Abril de 2023

Fue queriendo
[Honestos]

El Villarreal jugó en Marsella. En el fondo del estadio que habitualmente ocupan los ultras, por lo visto, no había ultras. Leí que el uso de bombas de humo y de punteros láser, entre otras historias, había provocado que la UEFA los sancionara con el cierre de la grada. Sin embargo, después se ablandó un poquito y permitió que dos mil niños ocuparan esos asientos. Ultras o niños: cualquiera que haya ido a un cumpleaños infantil sabe qué da más miedo. El verdadero infierno.

Es broma, eh, que nos conocemos. Yo voy a tope siempre con los niños, y los defiendo. Tengo varios en casa, de hecho.

Al hilo, diré que hace poco leí un par de noticias sobre los últimos datos de nacimientos. Los de 2023 dejaban al país por los suelos. Eran los peores registros desde la posguerra, en los años cuarenta. Leí también a mucha gente preocupada por el futuro, por las pensiones y por asuntos serios. En cambio, al leer que el año pasado habían nacido pocos niños, yo pensé en algo bueno. Pensé que así mi hijo Álvaro, que nació en julio, tendrá menos competencia y más posibilidades de jugar en Primera. Lo sé. Soy un mal ciudadano, pero al menos soy honesto. Probablemente esté enfermo.

En ese partido de Marsella, Aubameyang marcó un golazo en una vaselina escorada y sutil, con un toquecito de ensueño. Pero fue sin querer, y lo sé porque yo marqué uno exactamente igual en un partido de categoría cadete en Moncofa. Quise centrar y me salió la parábola perfecta. Cuando vinieron mis compañeros a abrazarme, dieron por hecho que había sido suerte. El delantero lo sabía mejor que nadie, porque le había mirado antes de levantar el «no centro». Al descanso, el entrenador me preguntó por ello. Agradecí que me tuviera en tan buena estima, y que llegara a valorar la remota posibilidad de que hubiera hecho a propósito aquella obra de arte, pero confesé. Quizá por eso o quizá no, me cambió en el segundo tiempo. Soy un mal futbolista, pero al menos soy honesto.

Quizá también por eso o quizá no, en la temporada siguiente retrasaron mi posición y la pasé jugando de defensa central, muriéndome por dentro. Quizá si hubiera dicho que firmé aquella genialidad a propósito habría seguido jugando cerca del área y unos años después, sin duda, habría ganado el Mundial en Sudáfrica. No sé cuánto tiempo podría haber sostenido el cuento.

El caso es que después, en juveniles y de vuelta al centro del campo, marqué un gol olímpico en un partido contra el Moncada. Este fue queriendo. El portero se había hecho daño en la acción anterior. Salieron a atenderlo y se quedó algo mal ubicado, muy cerca del primer palo, y ajustándose el guante. Enrosqué el golpeo del córner al segundo y me salió perfecto. Tocó en el poste y acabó dentro. Cuando vinieron mis compañeros a abrazarme, dieron por hecho que había sido suerte. El entrenador ni me preguntó por ello. Diría que ni siquiera mis padres me creyeron. La lección cae por su propio peso y se la explicaré a Álvaro lo primero: en el fútbol no se puede ser honesto.

Ahora, cuando hablo con alguno de aquel equipo, mi gol olímpico nunca asoma en el capazo de recuerdos. Asoma la vez que Javi le abrió la cabeza a uno, con la llave del vestuario, o cuando Ángel sacó un martillo de la mochila para defendernos. Ultras o niños. Los grandes eventos. De mi golazo olímpico solo me acuerdo yo, alguna noche larga, cuando me desvelo.

Marzo de 2024

Una y otra vez
[La rabia y el deseo]

Increíble. Ha vuelto a suceder. Iba a escribir la columna el martes, pero al final el martes me dio pereza, e iba a escribir luego el miércoles, pero llegó la noche y me dolía la cabeza. Al final no sé qué ha pasado que entre una cosa y otra ya es viernes otra vez, y la columna sigue por hacer. Al final, entre una cosa y otra vuelvo a teclear con prisas, justo ahora, con el ya clásico menú de bollycaos + almendras + Nestea a la hora de comer. No puedo entender cómo ha vuelto a suceder. No puedo no poder. No puedo jurar, porque me conozco, que no volverá a suceder.

Después me extraño cuando estoy viendo un partido y un jugador comete el mismo error una y otra vez. El fútbol está repleto de este tipo de jugadores. Algunos de ellos son incluso buenísimos, de los mejores. Mendy, Carvajal o Rüdiger, por ejemplo, los del Madrid, son firmantes habituales de pases prohibidísimos en la salida de balón. Tanto es así que uno se pregunta cómo han conseguido llegar a la superélite con esos fallos de concepto tan flagrantes. Cuántas veces se habrán dicho —como yo con lo de escribir la columna con margen— que no van a volver a equivocarse, cuántas veces se habrán conjurado y se habrán recordado ese lastre, y cuántas veces nos quedan por volver a verlos equivocarse.

Igual es que son así, incorregibles, incapaces de usar la balanza mental que mide el riesgo y la recompensa. Igual no es exactamente un error, igual eso es a veces una tara llamativa, pero a la larga supone una fortaleza. Igual es que frente al automatismo de la repetición siempre queda en el fútbol y en el ser humano una grieta para la intuición. Igual el fútbol es una lucha contra la tendencia natural, si es que hay algo natural en este juego donde la habilidad no se muestra con las manos, sino con los pies.

Frente a la duda irrumpe de vez en cuando, como un trueno, una certeza. En el Barça, el entusiasmo de Gavi es una certeza. Gavi se encuentra en ese momento vitamínico que algunos experimentan en la adolescencia: lo tiene todo por conquistar y lo quiere conquistar todo ya, y se le nota y no le importa, y le mueve la rabia y el deseo. Cuando compite se le pone esa cara de niño «picao» que quiere algo que le niegan y lo atrapa y no lo suelta, como sea, y se encienden sus entrañas y le viene fuerte el hambre del milenio.

Muy pocos futbolistas he visto competir como él, con el hambre del milenio.

A los que somos viejos prematuros y vivimos cansados, masticando las lentas derrotas, nos impresiona esa rebeldía y esa efervescencia. Quizá tuviéramos un día esa efervescencia. Mi primera columna la escribí muchos días antes. Me quemaba en el ordenador. No podía esperar a que llegara la hora acordada para enviarla. Gavi tenía dos años entonces. No creo que la leyera.

Mantener ese entusiasmo juvenil es una de las mayores dificultades del negocio. De hecho, esa voracidad sostenida en el tiempo ha sido la diferencia fundamental entre Messi y Cristiano respecto al resto de estrellas de su generación. Varios fueron igual de buenos en algún momento. Ninguno consiguió serlo durante todo el tiempo.

Ocurre en todo. El mes pasado debutó la mascota del Ceuta. Es una caballa, se llama Caballati y en esta Copa ha vivido sus instantes de gloria. Está triunfando, pero ojo, sirve para la mascota, para el fútbol y para el resto: lo complicado no es llegar ni gustar ni volver, sino mantenerse una y otra vez.

Enero de 2023

Esa visión, esa presencia
[Un calvo con coleta]

Hace demasiado tiempo que no viajo para ver un partido de fútbol. Antes* era periodista deportivo, viajaba por obligación con frecuencia y confieso que había días que me daba un poco de pereza. Ahora no puedo viajar porque mis obligaciones son otras y hay días que me da rabia no poder preparar la maleta. El fútbol desde el sofá de tu casa puede ser muy emocionante y muy bonito y te puede proporcionar grandes dosis de felicidad, no lo dudo, pero es una experiencia incompleta. El fútbol crece en matices si te acercas al estadio como local y se convierte en un asunto trascendental a domicilio, siempre en tensión, siempre nervioso e inquieto y en permanente estado de alerta.

El fútbol no solo se ve, y menos con una mirada estrecha. El fútbol se huele —el humo de los puros señoriales en Tribuna, la humedad de la hierba, las drogas blandas de los fondos, el sudor de los que llevan todo el día con la misma camiseta puesta...—. El fútbol se escucha —los cánticos de las gradas, los ¡uy¡ los ¡ay! los ¡eh!, los gritos de los jugadores, las órdenes desde los banquillos, las voces de los locutores que salen de las cabinas de prensa...—. El fútbol se saborea —las lenguas secas de las pipas con sal, el bocadillo contundente del descanso, las uñas que no quedan, el metal amargo de la cerveza...—. Y el fútbol se palpa —las esquinas del carnet que se clavan en las yemas, la mano del padre que te acompaña o del hijo al que

* Ahora otra vez.

llevas, las palmas chocando en los aplausos, los abrazos de los goles, las manos a la cabeza…—. El fútbol de verdad no solo se ve. El fútbol de verdad te sacude la existencia.

Por eso, a la hora de juzgar la toma de decisiones de un entrenador o de cualquier futbolista es importante disponer de esa mirada completa. A menudo vemos por la tele acciones ciertamente inexplicables, pero quizá las entenderíamos mejor desde la grada, cerca del verde, porque así manejaríamos muchas más variables para acertar con la respuesta correcta. También valoraríamos más y mejor a esos futbolistas que se crecen cuando la cosa se pone fea, y apuntaríamos sus nombres subrayados en una libreta. Los que ganan los partidos son en realidad los que surfean la ola del ánimo ambiental, los que son capaces de cambiar esa inercia. Sean delanteros, medios o defensas, da igual. Los que gobiernan las emociones son los que arrastran a los demás hasta la meta. Son los líderes digan lo que digan los contratos, los brazaletes, las pizarras, las marcas, el big data o los comentaristas en la prensa.

Viajar por el fútbol también tiene lo suyo, no se crean. A veces es de lo más bonito, a veces ganas, yo qué sé, un *play-off* en Santa Eulària del Riu, acabas la faena envuelto por la euforia y te sirven un cóctel frente al mar y piensas, bueno, esto no está del todo mal, igual podría pedir el traslado al *Diario de Ibiza*, que también es de Prensa Ibérica, o lo que sea. Pero a veces te eliminan en el último minuto del añadido en Tafalla, acabas la faena hundido en la miseria, entras a un pub oscuro y te topas con una visión horrible: un calvo con coleta.

Aún no he podido olvidar a ese calvo con coleta. Más de cinco años después: esa visión, esa presencia. Casi seiscientas palabras he escrito para poder contar otra vez lo del calvo con coleta.

Septiembre de 2022

No era para mí, pero
[Al final, sí]

El domingo salí del estadio por la zona del parking y justo entonces entró una ambulancia. Pasó cerca, y pensé: «Si te atropella una ambulancia, ¿tienes buena o mala suerte?».

¿Y si deja de gustarnos el fútbol? ¿Salimos ganando o perdiendo? ¿Sería buena o mala suerte? No lo tengo nada claro.

Hay cosas que piensas que no son para ti, pero luego no tardan en serlo. Pensabas que eso no era lo tuyo, pero solo te separaba el tiempo. Observabas y escuchabas a gente algo mayor que tú y podías pensar «yo no seré como ellos», pero después, una detrás de otra y sin remedio, todas esas cosas supuestamente ajenas a tu persona y a tu vida te van sucediendo.

Claro que somos como ellos. ¿Qué te pensabas? ¿Qué habíamos llegado al mundo los primeros?

Me sirve para lo del cambio de hora: solía leer estudios sobre cómo afectaba a las personas el cambio de hora, pero yo era joven y pensaba que era una milonga eso del *jet lag* por el cambio de hora. Pues bien: desde que el sábado cambiaron la hora soy un escombro de persona. No consigo dormirme hasta las tres de la madrugada, aunque esté cansadísimo, y ya voy el resto del día medio bobo por el mundo y por el cambio de hora. Quizá eso explique algunas decisiones de Luis de la Fuente en el último partido contra Escocia, por cierto, lo del cambio de hora.

Me sirve, lo de las cosas que no son para ti, pero al final sí, para ser uno de esos que le da igual lo que haga la Selección española. Hasta hace poco yo escuchaba a esos futboleros renegados que decían que el fútbol ya les daba igual, que no les importaba, y pensaba que eso nunca me iba a pasar, hasta ahora. Qué pereza me da todo últimamente: un seleccionador u otro, una sospecha arbitral, la estafa del VAR, el paripé de Catar, debatir sobre la Kings League, las opciones de fichar o los Balones de Oro. Me da igual todo. Fantaseas con no ver un partido más a no ser que juegue tu hijo, o que te paguen demasiado. Fantaseas con abandonar todo lo que rodea al juego, lo que te cansa. Pensabas que nunca te iba a pasar, pero te pasa.

Me sirve también con lo de seguir la NBA tocándola de oídas, sin trasnochar ni ver los partidos, mirando únicamente la estadística en el *box score* por la mañana. Resulta que nunca me iba a pasar, pero me pasa. Me sirve con lo de planear un fin de semana ideal en casa y en pijama, sin pisar la calle, lo mismo me pasa. Me sirve con lo de escribir «Messirve» en WhatsApp, con una cara de Messi, queriendo molar pero siendo un viejo fatal, nunca me iba a pasar, pero me pasa.

Cosas que nunca pensé que serían para mí. Me dicen que mi equipo no vuelve a ganar un partido jamás y creo que lo podría soportar, que no sería un gran drama. Lo único que me preocuparía, si fuera España, es que germinaría el descontento ciudadano a la larga, estallarían los disturbios y la revuelta social, y eso me molestaría en realidad, no la derrota. Que estén en la calle armando jaleo y alterando mi paz mental, eso me molestaría, no la derrota.

Por si acaso ya he leído que lo del *jet lag* por el cambio de hora no es para siempre, y no debería durar más de una semana. He leído que al final el cuerpo se acostumbra y todo regresa donde estaba. Y he pensado que igual lo del fútbol tarda un poco más, o no, pero necesito creer que al final siempre volvemos con la pelota, a casa.

¿Buena o mala suerte? Nunca lo sabremos, y no importa.

Abril de 2023

Ni un patinete
[Esto se está poniendo feo]

De vez en cuando recuerdo uno de mis partidos favoritos de la Copa del Mundo: el asombroso 1-7 de Alemania a Brasil en el año 2014. Me gusta en especial porque la lógica saltó por los aires a los pocos minutos de juego y no volvió a la tierra hasta varios días después. Suelo recordar también la iracunda reacción de algunos hinchas brasileños: en varias ciudades del país se dedicaron a quemar autobuses.

El ser humano es sin duda un asunto fascinante y la mente de los fanáticos todavía más. Los imagino pensando: «Le han metido siete goles a mi equipo y nos han eliminado del Mundial, ¿qué podría calmar ahora mi honda pena? ¿Cómo debo reaccionar a este inesperado acontecimiento? ¿Qué podría hacer yo para sentirme algo mejor? ¡Ya está, ya lo tengo! ¡Quememos un autobús!».

Pues claro que sí, campeón.

Me gusta también imaginar que los propios autobuses estarían escuchando el partido en la radio —en la que tienen ellos mismos incorporada—, asustándose con cada gol de Alemania, pensando: «Esto se está poniendo feo, madre mía qué noche nos espera». Me gusta imaginarlos saludando a otros autobuses cuando se cruzaran durante sus rutas por las calles de Brasil, deseándose suerte para las horas posteriores y compartiendo escondites: «Ojalá no te toque, *irmão*».

Me gusta pensar por qué podría yo llegar a quemar un autobús, en un momento dado, y al final siempre resuelvo que no quemaría ninguno porque me daría demasiada pereza. Me parece además una maniobra más efectista que efectiva, con malos réditos en cuanto a riesgo y recompensa. Como mucho quemaría un patinete eléctrico, y por perder un partido de fútbol os aseguro que no. Si fuera así ya no quedarían ni autobuses ni patinetes en todo Castellón.

Habrá quien considere la quema masiva de autobuses una involución, pero hay que tener en cuenta de dónde venimos como especie, hay que valorarlo mejor. Hace milenios, según dicen, el juego de pelota mesoamericano incluía en ocasiones sacrificios humanos. Te jugabas la vida literalmente, que eso era jugar de verdad con presión y no lo de estar tenso ahora por si pierdes un balón y te pita algún abuelo sin dientes en el Camp Nou.

Con autobuses o sin ellos, con dientes o sin ellos, cada nueva temporada cometo el mismo error. Pedir a todo esto del fútbol algo de rigor. Cada año busco respuestas racionales y equilibradas que justifiquen el tiempo y el dinero que destino a mi equipo. Quiero lógica cerebral donde solo mandan la sangre y la emoción.

Cada año se me olvida que no es necesaria ninguna explicación. Se me olvidan los aspectos más básicos. Se me olvida lo mejor: no hacen falta razones para el amor. Ni largos discursos teóricos que nos hablen de arraigo e identidad ni argumentos forzados sobre los principios y el valor. Ni siquiera la promesa del éxito del ganador. Todo eso sirve para preparar un bonito envoltorio, pero el interior es algo más simple: una pelota, sentirse vivo y perseguir cualquier ilusión. La búsqueda de la felicidad que a veces conlleva un reguero de dolor. El fútbol y nosotros, como siempre, una dosis asumible de caos.

A ser posible, sin sacrificios humanos ni quema de vehículos con o sin motor.

Agosto de 2022

Experimentos
[La gran broma]

Lo de jugar con el portero en el área pequeña está adquiriendo tintes de experimento social de masas. Quizá lo sea. Quizá se pusieran un día de acuerdo jugadores y entrenadores de todo el planeta para gastarnos una broma al resto. La gran broma del fútbol moderno. Se sentaron todos en un congreso, hicieron tormenta de ideas y concluyeron: «Vamos a repetir esta tontería una y otra vez a ver cuánto aguantan los aficionados, a ver cuántas pérdidas toleran, a ver cuántos goles regalados son capaces de digerir antes de sacar del armario las antorchas y las bayonetas». Todos votaron a favor, algunos se abrazaron y muchos aplaudieron. La gran broma del fútbol moderno.

Yo, que vengo de la música indie, sé muy bien cómo funciona esto. Lo he sufrido en mis propios huesos. De repente los expertos empiezan a hablar de un grupo cualquiera, regándolo de alabanzas, y se genera alrededor una ola a la que todo el mundo quiere subirse como sea. Se suben los semiexpertos, se suben los festivales, se suben los que mandan y se sube hasta tu primo el que antes era maquineto. Nos subimos todos porque no hacerlo te deja en una posición delicada. Si no te gusta eso que tanto gusta a los demás, es porque te falta criterio, y no sabes apreciarlo ni entenderlo. No sabes nada, así que fingiremos. Si todos están a la altura de la explosión del talento, no vamos a ser menos. Si todos aplauden, aplaudiremos. No seremos nosotros los tontos del pueblo.

Exactamente eso está pasando —o no— con lo de salir dando pasecitos, regateando delanteros y tirando paredes en el área con el portero.

Mi teoría es que un día, quizá en un par de décadas, pase la moda y nos preguntemos qué estábamos pensando, cómo podía ser que nos pareciera normal todo eso de disfrazar a Courtois y a De Gea de Guti y De la Peña; del mismo modo perturbador con el que ahora escuchamos los discos de Amistades Peligrosas, repasamos nuestras fotos con pantalones piratas o vemos algunas escenas de las películas de Pajares y Esteso. Sacar la pelota así, abrazando de forma constante el riesgo, será como aquello de comer barro para adelgazar que hacían en el siglo XVII. Una excentricidad pasajera. Un asunto incientífico. Una idea de majaderos.

Pensé todo esto durante la semana, viendo la colección de errores con el pie que nos dejaron los porteros en los partidos europeos. Pensé también qué pasa con el tráfico en Londres, que cada dos por tres están retrasando partidos por problemas con el tráfico de Londres. No tengo pruebas, pero da igual: quizá la UEFA cambió el horario clásico de la Champions, ese de las 20:45 que tanto nos gustaba, por si empezando a las 21:00 les daba tiempo a llegar a la hora a los de Londres. Pero no. Siguen llegando tarde. ¿Cuántas veces va a tener que pasar para que salgan antes? ¿No se dan cuenta? ¿Dónde ha quedado aquello de la puntualidad inglesa? Quizá sea otra broma. La pequeña broma del fútbol moderno. Nos están poniendo a prueba. Otro experimento.

Quizá, otra vez, siempre escribo quizá. Quizá un día tenga en algo la seguridad con la que Joshua Kimmich da los pases a sus compañeros y pueda dejar de escribir quizá. Esa determinación, esa confianza. Ves a Kimmich golpear la pelota y es imposible pensar que pueda estar equivocado. Quizá yo un día pueda también acercarme a la certeza, pero no creo. Lo mío es la duda: por eso no valgo para sacarla jugada con el portero.

Marzo de 2023

Eureka
[Señor Desconocido]

A veces nos ocurren cosas a las que no damos importancia, en su momento, pero después cobran todo el sentido del mundo. Te paras a pensarlo y hasta dan un poco de miedo. En ese instante revelador atas los cabos de la historia, quizá unos días después y tumbado en la cama, y abres los ojos, levantas un brazo y gritas «¡Eureka!».

No gritas eureka porque no eres un personaje de un tebeo de los años ochenta, pero bueno, es la idea. Nos entendemos.

A veces nos pasan cosas así. Dos días antes de que el Villarreal visitara al Barcelona, estaba en la redacción y recibí una llamada. Un señor desconocido al que llamaremos Señor Desconocido preguntó por alguien de la sección de Deportes. Dudé medio segundo si decir la verdad o mentir, pero asumí la responsabilidad con gallardía y contesté: «Depende». El Señor Desconocido dio por válida mi respuesta y procedió a contarme lo que me tenía que contar. Era un asunto de urgencia vital. Nos pidió por favor que hiciésemos saber al entrenador del Villarreal, Marcelino García Toral, que debía salir en Montjuïc a atacar. Que tenía que ser valiente. Que solo así podría ganar al Barcelona.

Lo repitió todo varias veces y yo dije sí a todo, también varias veces. Señor Desconocido subrayó que era muy importante que a Marcelino le llegara este mensaje, y yo apunté la posibilidad de que algún compañero se lo contara en la rueda de prensa del día siguiente. Sea como fuere, tras colgar, comenté la misteriosa llamada en la sección de Deportes, más que nada por tener testigos en caso de que asomara algún problema en el horizonte.

El caso es que pasé la tarde pensando quién podría ser el enigmático Señor Desconocido. La voz parecía de un señor adulto tirando a mayor. Mi atención sobre el tema creció cuando leí el titular de la rueda de prensa de Marcelino. Un escalofrío recorrió mis entrañas. ¿Qué dijo Marcelino antes de viajar a Barcelona? Esto dijo: «Tenemos que ser valientes contra el Barcelona». El entrenador del Villarreal replicó casi al cien por cien el mensaje del Señor Desconocido.

Como soy una persona muy ocupada, medio olvidé todo esto durante unas horas, hasta que terminó el partido del Villarreal en Barcelona. Lo hizo con una goleada histórica: ¡3-5! Nadie puede negar que el equipo de Marcelino fue valiente, que atacó cuando y cuanto pudo, que satisfizo la demanda de Señor Desconocido. El Villarreal, que venía de una situación en la que todo lo que le podía salir mal le salía mal, ganó al aceptar algo que en teoría le perjudicaba: un intercambio de golpes con el Barcelona.

Imaginé entonces a Señor Desconocido fumándose un puro sentado en una mecedora. Señor Desconocido sabía algo que los demás desconocíamos. ¡Eureka! ¿Quién podría ser el Señor Desconocido? Se aceptan apuestas. A veces hay que pensar quién se beneficia de lo que pasa para hallar la respuesta.

La goleada del Villarreal aceleró la crisis del Barcelona. Xavi Hernández anunció después, de una manera bastante extraña, que dejará de ser entrenador a final de temporada. Le conté toda la historia a mi amigo Javier y sugirió algún sospechoso. ¿Es el Señor Desconocido el hermano de Xavi, que ya se ha cansado de este trabajo? ¿Es el entrenador del filial, Rafa Márquez? ¿Es el mismísimo presidente del Real Madrid conspirando en la sombra?

Prefiero no saberlo. Si me entero, mi vida podría correr peligro. Ahora, en el periódico, sufro por si vuelve a sonar el teléfono.

Febrero de 2024

Hasta aquí
[Cuándo decirlo]

Vi la historia de refilón y no quise profundizar por si era mentira. Ojalá lo que me pareció ver sea verdad: vi al colegiado Ais Reig, de Segunda División, recibir las protestas de una jauría de futbolistas, sacar el spray que usan los árbitros para señalar la distancia en las barreras y pintar sobre el césped una línea. «Hasta aquí». El árbitro les dijo que de ahí no podían pasar, que estaba escuchando a los del VAR y que le dejaran tranquilo. Los futbolistas obedecieron como unos cachorrillos. Fue sin duda la mejor acción del partido.

O de la temporada, igual. Este particular uso del spray temporal de los árbitros arreglaría un montón de problemas en el mundo. Para empezar, los cotidianos. Si te están agobiando en casa los niños, sacas el spray y les dices «hasta aquí», y les dejas claro que detrás de la línea pueden jugar y hacer lo que quieran, pero que de ahí no pasen y te dejen un momento tranquilo.

El spray mágico arbitral insinúa múltiples usos. Si se te pone un tipo superalto justo delante en un concierto y no ves nada, pues sacas el spray y ajustas la distancia para ganar la mirada al escenario, y todos tan amigos. El spray mágico evitaría también multitud de divorcios. Como la línea que dibuja se borra a los pocos minutos se entiende que no quieres construir un muro. Simplemente necesitas un momento de calma, sin rencores. El beneficio de lo íntimo.

El spray resolvería disputas territoriales y conflictos por una linde: el mensaje que envía es diáfano pero no abusivo. El spray nos acercaría a la paz mundial, aunque tampoco aseguro que fuera todo fácil y bonito, porque a menudo saber dónde marcar la raya es lo más difícil, y los límites más complejos son en realidad los invisibles.

Saber dónde marcar el límite es con frecuencia lo más complicado. Para ser un buen cronista: no es fácil saber dónde se sitúa el juicio justo. Para ser un buen entrenador, también, imagino: no debe de ser fácil saber cuándo eres demasiado blando o demasiado estricto. Cuándo te pasas de exigente o cuándo se te escapa el control del equipo. Puede ser fácil decir «hasta aquí», pero no tanto saber cuándo decirlo.

Todo esto en mi cabeza genera un debate recurrente. Con mis hijos, por supuesto: me pregunto cómo ayudar a que se esfuercen para aprender sin agobios ni traumas, cómo hacer las cosas bien y que al mismo tiempo ser niño siga siendo algo divertido. Dónde está el límite. A veces es un enigma.

Los que tendemos a decir siempre «sí» también nos veríamos beneficiados por un spray como el de los árbitros. Porque hay gente que se aprovecha de los que no sabemos decir «no». No solo pasa en el trabajo, pero se ve claro en el trabajo. Quiero tener un spray mágico y trazar esa línea. «Hasta aquí». Más veces. Me gustaría.

También me gustaría no pasarme la vida sintiéndome culpable. Esto es muy habitual en la vida adulta, lo sé, pero por muy responsables que estemos, por muchas cargas que dependan de nosotros, de vez en cuando necesitamos rendirnos y perder un partido. Necesitamos sacar el spray y decir «hasta aquí, estoy cansado, hoy me rindo».

La otra noche fue así, entre amigos, y no pasa nada. Al día siguiente todo seguía en su sitio. Además, abordamos una gran cuestión, todo sea dicho: si jugara un equipo de abuelos de noventa años contra otro de niños de cuatro, ¿quién y por qué ganaría el partido?

Noviembre de 2023

Una existencia tranquila
[Y un error habitual]

Cada vez es más difícil disfrutar de una existencia tranquila. Por si no tuviéramos bastante con lo habitual, hace poco me siguió un representante de jugadores en Instagram. Curioseé sus *stories* y descubrí que uno de sus jóvenes valores se llama exactamente igual que uno de mis amigos. Con toda lógica, avisé de inmediato a mi amigo de esta inmensa desgracia porque, como todo el mundo sabe, que de repente irrumpa un futbolista con tu mismo nombre y tu mismo apellido es una de las mayores calamidades que cualquier hincha puede sufrir, y aquí volvemos a lo difícil que es disfrutar de una existencia tranquila.

Mi amigo, que responde a las iniciales J. A. y cuya identidad ocultaré para no abundar en su desdicha y de paso no influir en la carrera del chaval —que a priori aún no ha hecho nada malo—, encajó con pánico la noticia. No le hizo ninguna gracia y no le falta razón. Visualiza un futuro espantoso, con variantes terroríficas por culpa de esta presión añadida: puede ocurrir que ese tío termine jugando contra su equipo y marque un gol decisivo que valga un título o, aún peor, puede ocurrir que ese tío termine jugando en su equipo y marque en propia puerta un gol decisivo que valga un título. Si eso sucede, deberá convivir constantemente con el recuerdo fatal, triste para la eternidad, porque de uno mismo no se puede escapar.

Mi amigo tiró también enseguida de cálculo mental: si faltan tres o cuatro años para que el chaval en cuestión debute en Primera División, y si luego alarga su carrera durante unas quince temporadas, le quedan un par de décadas de preocupación con el tema. Es decir, cuando el chaval se retire mi amigo estará ya al borde de la jubilación. Sin querer exagerar, se podría decir que ya no disfrutará del fútbol jamás.

Ya he dicho que no es fácil conseguir un poco de tranquilidad. Por si no tuviera suficiente con lo ya explicado, mi amigo, por motivos laborales, debe estar al tanto de las ruedas de prensa de los entrenadores. De nuevo tiró de cálculo mental: si faltan por jugar quince jornadas de Liga y a poco bien que le vaya en Champions, y entre previas y pospartidos, le quedan unas cuarenta ruedas de prensa de Xavi Hernández en el Barcelona. Y no se lo desea a su peor enemigo. Ni siquiera a ese chaval con su mismo nombre y apellido.

Debo apuntar que mi amigo comete aquí un error habitual: buscar coherencia en el fútbol profesional. Yo tengo una cierta ventaja al respecto. Sé cómo tratar e interpretar a esta gente porque he salido mucho de noche entre semana. He gestionado muchas conversaciones inconexas, he aceptado que te digan una cosa y al minuto siguiente otra, sin inmutarse y como si nada. He aprendido que a menudo la gente para salvarse dice lo que sea, porque sí, y después amolda el discurso a posteriori, una vez determinado el resultado, y le funciona. Esto es algo que en el fútbol pasa constantemente, pero, por lo que sea, somos esclavos de la lógica y no terminamos de acostumbrarnos. Seguimos tomándoles en serio. Seguimos haciéndoles caso.

Esta capacidad desarrollada durante años me permite ahora ver las ruedas de prensa de Xavi y no perder la cabeza por ello. Una vez más, haber hecho lo que no debería haber hecho —aquello de salir los martes a deshoras— me reporta un beneficio inesperado.

Así no hay quien disfrute de una existencia tranquila.

Febrero de 2024

Al final, a la olla
[Para esto]

El tren está bien. Al menos en la teoría, digo, como concepto. Subes en un sitio, pasas un rato sentado y bajas en otro. Hasta ahí todo genial, hasta ahí todo más o menos correcto, hasta ahí se podría decir que lo del tren es un plan ideal, sencillo y perfecto, pero luego en la práctica asoman las complicaciones. Una de esas complicaciones suele ser tu compañero aleatorio de asiento.

La otra tarde, pidieron por megafonía que, si había personal médico en el tren, acudiera por favor a la cafetería. De pronto, una señora se me quedó mirando como esperando en mí una señal, una reacción, un movimiento. Tardé unos segundos en asimilar qué estaba ocurriendo: la señora me sugería que fuera a ver qué pasaba, que intentara ayudar, y aún no lo entiendo. Quizá fuera porque yo llevaba gafas, quizá solo quería ligar conmigo y yo interpreté mal sus gestos o quizá me había confundido con algún familiar lejano del pueblo, pero el caso es que me sentí hasta culpable por no haber estudiado Medicina, me sentí fatal por haber estado viendo fútbol, saliendo de fiesta y haciendo el vago en la juventud, en lugar de memorizar músculos, tendones y huesos. Lo confieso.

Para quitarme el agobio hice lo único que sé hacer cuando me agobio, la única medicina válida para mi mente en esos momentos: cogí el móvil para jugar partidos al *Mini Football*, consumando seguro la decepción absoluta en mi compañera de asiento, que si llega a morir alguien en el tren ni lo cuento.

No murió nadie, pero fijo que habría testificado contra mí ante un tribunal llegado el momento.

Convertido en la vergüenza del vagón para mis adentros, intenté no molestar y quedarme quieto. Pasada una hora, más o menos, la señora bajó del tren cuando aún quedaba la mitad de mi trayecto. Seguro que bajó del tren para alejarse de mí. El grupo de neuronas que discute en mi cerebro alcanzó esa impresión por consenso. El asiento que había dejado libre la señora lo ocupó una mujer algo más joven. Encendió un ordenador y abrió un Excel con un montón de columnas y datos. Como soy alguien fácilmente impresionable, enseguida admiré a mi nueva compañera de asiento: esas cosas con el Excel solo las hacen personas muy importantes, ejecutivos de primera o altos miembros del Gobierno.

Intenté mirar de reojo de qué iba el Excel, pero no lo veía porque me había quitado las gafas para que no me confundieran de nuevo con un médico. Mientras jugaba otra vez al *Mini Football*, me dio por pensar que igual, en realidad, la mujer del Excel usaba la herramienta como mi amigo Emilio, que maneja tablas con nuestros resultados en las ligas virtuales de la NBA de las últimas décadas. Igual no era tan lista ni tan importante esa mujer. Igual lo mismo que le había pasado a la señora anterior —que sobrevaloró mi capacidad para ayudar en una emergencia—, me estaba pasando a mí por ver un capazo de números sueltos.

Ahora, en muchos banquillos de los equipos de fútbol tienen táblets y dispositivos modernos. Cuando los enfocan, me pregunto qué tipo de estadística avanzada estarán descubriendo, pero igual solo están viendo memes de Usuario Arroba o tuits de @vvvhannah —algo que por cierto recomiendo—. Total, luego esos entrenadores acaban mandando a los suyos a colgar balones a la olla, demorar un saque de banda o provocar una tangana para perder tiempo. Al final pegan cuatro gritos y llenan el área técnica de aspavientos. Al final es lo de siempre: rostros desencajados y sudores fríos en el tiempo de descuento. Cuando ocurre, siempre lo pienso: un pequeño triunfo del hombre sobre las máquinas, tanto big data y tanta tecnología para esto.

Octubre de 2022

Todos lo sabían
[Porque estaba claro]

Todos sabían que el Madrid iba a remontar, pero nadie me avisó de algo más básico. Nadie me avisó de que si tenía hijos, luego tendría que madrugar para llevarlos al colegio.

Ahora resulta que todos sabían que el Real Madrid iba a ganar al Bayern de Múnich. Por lo visto, cuando llegó el minuto 87 del partido de vuelta de la semifinal de la Champions y el Madrid perdía cero a uno nadie tenía ninguna duda. Todo el mundo, los que querían que el Madrid ganara y los que querían que el Madrid perdiera, tenían clarísimo lo que a continuación iba a pasar. Todos sabían que el Madrid iba a remontar, pero, por lo que fuera, nadie entró a la web de cualquier casa de apuestas para meter todos sus ahorros a la clasificación del Madrid, que entonces se pagaba genial. Por lo que fuera, todos lo sabían, pero no quisieron abusar.

Porque quién quiere hacerse millonario sin esfuerzo, jubilarse anticipadamente y no volver a madrugar jamás cuando te puedes conformar con decir, al día siguiente y junto a la máquina del café, que estaba claro lo que iba a pasar.

Por lo que sea, también, aquellos que ya sabían lo que iba a pasar te lo cuentan después de que haya pasado lo que ya sabían que iba a pasar. Y no es necesario que esté la Champions por el medio, porque este fenómeno ocurre hasta en el fútbol regional. Tu equipo se juega la permanencia o un ascenso y te pasas el partido decisivo sufriendo de manera inhumana, pasándolo fatal hasta el pitido final, y al día siguiente siempre aparece algún listo que te dice: «No, si estaba arreglado todo, que yo lo sé, que compraron al rival». Que entonces piensas: «Ya me lo podría haber dicho antes el listo este y me hubiera ahorrado ese padecimiento insano», ya me lo podría haber dicho antes e, insisto, hubiéramos ido de la mano para provocar la quiebra de la casa de apuestas del barrio.

Pero no. Antes, no. Después, sí. Qué más da.

A mí esto me da un poco de rabia porque te sientes idiota por estar perdiendo años de vida sin necesidad, aunque sepas que el tío listo en el fondo no tiene ni idea de lo que está hablando. Molesta porque le quitan mérito a los jugadores, que si yo fuera uno de ellos le diría: «¿Sí?, pues la próxima vez bajas a defender el último córner, si lo tenías tan claro». También me resulta curioso que muchos de los visionarios que ya sabían qué iba a pasar estén descubriendo ahora, en 2024, que en el fútbol ganan los que más goles meten, no los que más ocasiones generan.

Hablemos por favor un momento de los *expected goals*. Dios salve a los *expected goals*. Son la nueva religión. Ya no importa la posesión. Ya no se lleva lo de contar pases. Ahora todos abrazamos los *expected goals*. Parece que pilotas si lanzas la expresión en medio de la conversación. De hecho, hay que valorar la labor social de los *expected goals*. Al que gana le dan igual y el que pierde abraza el consuelo de los *expected goals*, la palmadita virtual. Todos contentos y, además, esta métrica nos permite prolongar la particularidad del fútbol, el único deporte en el que puedes «merecer». Es nuestro deber conservarlo. Usemos para esto los datos.

Mayo de 2024

El fútbol tronco
[No me dejéis solo]

La verdad es que hay algo en Piqué que hace que me caiga bien*, pero no comprendo exactamente qué. Quizá seamos las dos personas más diferentes del mundo. Quizá salgamos uno junto al otro en un diccionario de antónimos. Se podría decir que ni siquiera pertenecemos a la misma especie.

Él es alto y yo no. Él es un triunfador y yo aquí estoy. Él es guapo y yo soy yo. Él tiene iniciativa e ímpetu vital y yo pienso todos los días en sobrevivir hasta la jubilación. Él era un niño rubio e iluminado y yo moreno y ramplón. Él es sociable y con don de gentes y yo pasaría la vida solo en un rincón. Él es del Barça y yo del Castellón. Él es el *quarterback* que sale con la jefa de las animadoras y yo soy el *nerd* amigo de McLovin. Él es un hombre de éxito y yo un «sí pero no». Él adora ser el protagonista y yo intento que me pierdan de vista. Él es un campeón histórico y yo mejor lo dejo aquí, que tampoco es plan de caer en una depresión.

A quién se le ocurre compararse con Piqué. La mayoría sois como yo, eso al menos lo sabéis. O no.

Si existiera algún tipo de coherencia vital, quiero decir, Piqué me debería caer fatal, y yo debería negar sus méritos futbolísticos acumulando agravios y prejuicios, reales o imaginarios, pero no. Quizá Piqué me cae bien porque intuyo que es el tipo de persona capaz de verle la gracia al fútbol

* Igual ya no tanto.

tronco, de incluso financiarlo. Llevo unas semanas pensando demasiado en el fútbol tronco. Tarde o temprano tenía que caer una columna sobre el fútbol tronco.

Está pasando que mi mujer me habla y yo no me entero y no contesto, e igual mi mujer me observa serio y concentrado, me observa y aprecia claramente que estoy con la mente en otro lado, y se imagina que ya no la quiero y que estoy pensando en otra, pero en realidad estoy pensando en el fútbol tronco. Intuyo que ya estaréis pensando qué es eso del fútbol tronco. El fútbol tronco es la evolución natural del fútbol actual donde al entrar al área ya es más rentable buscar la mano del rival en lugar de chutar a gol. Contra esa tiranía antinatural del VAR, al fútbol tronco se jugaría con los brazos atados al tronco, con una cuerda, de ahí el origen del nombre del fútbol tronco. No habría penaltis por mano y eso que salimos ganando, por tanto.

Sería muy divertido el fútbol tronco, lo tengo casi todo estudiado. Los jugadores deberían llevar chichoneras para no abrirse la cabeza en cada partido. Primero haríamos pruebas con youtubers, por si alguno se queda medio tonto jugando al fútbol tronco.

Cada noche pienso también qué futbolistas serían buenísimos en el fútbol tronco. Haaland, por ejemplo, sería buenísimo en el fútbol tronco. Se lanzaría a rematar los centros como un hombre bala gigantesco. Sería un espectáculo digno de ver el fútbol tronco. Mariano el del Madrid sería mucho más valorado en caso de jugar al fútbol tronco. Otros futbolistas cambiarían de apodo con el fútbol tronco. Dembélé ya no sería el mosquito porque no tendría alas: Dembélé sería la anguila Dembélé. Los regateadores serían escurridizos y sinuosos en el fútbol tronco. Crecería la importancia de la carga hombro con hombro. El tío que se tumba detrás de la barrera no se podría levantar luego en el fútbol tronco. Reptar sería un valor muy a tener en cuenta en el fútbol tronco.

Mundial, ¿qué Mundial? La vida sería mejor con el fútbol tronco. No me dejéis solo.

Noviembre de 2022

Lo entiendo (o no)
[Buen viaje]

Cada vez la gente habla menos claro. No entiendo a casi nadie. La otra noche, mientras veía el derbi madrileño, me llegaron algunos mensajes. «No hay palabras en ningún idioma para describir lo malo que es Lunin», me escribió Carlos. «Lo odio», añadió. «Si nunca más vuelve a ponerse la camiseta del Madrid, firmo la derrota», finalizó. «¿Pero te gusta o no te gusta?», tuve que contestar, harto de tanta ambigüedad, al final. «¿Qué quieres decir? Por favor, habla claro», supliqué, angustiado. Es increíble cómo la gente se anda por las ramas.

Porque cada vez son menos los héroes que no esconden nada. Al menos una vez a la semana, me pongo el vídeo del antaño segundo entrenador del Espanyol, Mario Fernández, analizando en Movistar el partido que iban a jugar aquella jornada. Atención, tomad aire, mientras intento memorizarlo: «Tenemos claro que la génesis de su buen rendimiento pasa por un muy buen momento con balón. Meten mucha gente interior, tienen dobles ubicaciones en las cuartas alturas, además de tener mucha acumulación son asimétricos, porque la segunda y la cuarta son ubicaciones tendentes más al perfil izquierdo, pero la tercera tendente al perfil derecho, lo que les lleva a progresar con mucha facilidad por los dos perfiles. Son capaces de progresarte con tu orientación y contra tu orientación, con las asociaciones cercanas porque tienen pie en la base y asociaciones lejanas, porque ya sabéis, tienen gente como Armilla que te puede buscar las diagonales y encontrar o el profundo de lado o el profundo de lado contrario fácilmente… el dominio que tienen de ABP, son muchas cosas, son un gran equipo, pero se les puede hacer daño, vamos a ganarlo».

Así, sí. A este se le entiende todo. Por fin alguien que habla claro.

Al contrario que a mi amigo Carlos, y a pesar de sus evidentes fallos en el derbi de Copa, a mí el pobre Lunin no me desagrada. Todos los porteros fallan. Sin embargo, tengo la impresión de que difícilmente cuajará en la portería del Real Madrid a largo plazo. No quiero parecer liviano (o sí, me da igual), pero es cuestión de aura. Lo veo y no me lo creo. Hay algo ahí que no encaja.

Esto ocurre a veces con algunos futbolistas, con el matiz personalizado. Por lo que sea, su camino no se amolda a lo que necesita tu equipo en ese momento, o viceversa. Jugadores que te hubiera gustado que arraigaran en tu club, pero eligen otra vida, otra casa y otro escenario. Al principio puede doler, pero al final y sin rencores, lo mejor para todos es que se vayan, antes de que nos hagamos daño. No significa que sean buenos o malos, es que no coincide el tempo adecuado.

Sin dejar el Madrid, por ejemplo, pensaba en Ødegaard mientras tecleaba el anterior párrafo. Hay una canción de Anni B Sweet que se titula «Buen viaje» y habla un poco sobre todo esto. Sobre esa persona que te hubiera gustado seguir con ella, pero elige otro camino y no se puede hacer nada.

En los dos ámbitos, en el fútbol y en lo otro, lo difícil es entenderlo rápido. También influye la edad. Honestamente, me lo podría haber explicado alguien en el instituto. Con las chicas o cuando el Castellón dejó marchar a Miguel Ángel

Mullor, en 2001, algún disgusto nos habríamos ahorrado. Ahí sí que no entendía nada, y dudo que alguien me hablara claro.

Enero de 2024

Demasiado intenso
[El camino correcto]

Ya se intuye la primavera, y lo sé porque el fútbol me estresa. Las últimas diez jornadas, los sorteos clave y las eliminatorias que esconden la gloria asoman por la puerta, y yo me pongo enfermo.

Es todo demasiado intenso. Llevo incluso unos días fantaseando con un futuro ideal, en el que pudiera vivir sin tener que ganar dinero, y en el que solo vería fútbol por placer desde agosto hasta enero. Disfrutaría de veras, así lo siento: primero con la excitación veraniega de lo nuevo, luego con esas semanas curiosas de otoño en las que los equipos se van construyendo, y también con alguna dosis de moderado sufrimiento y del frío húmedo de algún desplazamiento, al principio del invierno. Pero todo sin dramas, porque lo definitivo quedaría siempre muy lejos. Lo definitivo se lo dejaría a los chavales, que aún conservan el entusiasmo necesario para mirar estos días el calendario y decir «ahora viene lo bueno». Todo para ellos: de lo definitivo no querría saber nada y me enteraría como mucho al día siguiente mirando el teletexto desde un resort caribeño.

Ahora no viene «lo bueno». Ahora vienen los nervios, la opresión en el pecho y la sensación continua de que te estás muriendo. Y encima, casi siempre, pagando por ello.

En mi futuro ideal, admito que podría ver algo de fútbol en junio, también, pero en ningún caso esa trituradora emocional llamada *play-offs* de ascenso. Podría ver partidos sueltos del Mundial o de la Eurocopa, pero solo los primeros de la fase de grupos, y de países pequeños, sin olvidar las precauciones ante los excesos. Del fútbol me quedaría con el envoltorio, con lo bueno de veras, los cromos, el balón oficial, las mascotas, las pachanguitas, los videojuegos y todo eso. Y con el resultado, cuando me enterase, si es el que yo quiero. Apostaría que sería igual de feliz —dudo un poco con esto— que habiendo sufrido una larga penitencia durante todo el proceso.

Al menos, me gustaría desertar durante un tiempo. Tengo que preguntar cómo funciona en el fútbol lo de los años sabáticos, si existe algún convenio al respecto. Y debo reconocer que un día pensé que jamás sentiría algo así, y que siempre estaría en la primera línea del fuego. Ahora achaco a la edad aquellos pensamientos. Ya se sabe, la típica locura de juventud. También fui en su día a un concierto de Hevia, me compré una pelota de béisbol y llevé pantalones de campana. Lo de buscar emociones fuertes en el fútbol iba en esa misma línea de inconsciencia majara.

Ahora solo quiero emociones templadas. El miércoles, por ejemplo, llevé a mi hijo a entrenar, pedí un café para llevar y me ubiqué al solecito, a solas, para verlo tranquilamente. Ver a mi hijo divertirse jugando a fútbol es sin duda mi afición vital favorita. Estaba yo tan feliz ahí observando sus controles y sus pasecitos, con el café tibio en una esquina, y con el sol del atardecer acariciándome en la cara… Era una maravilla, porque además, en la zona anexa al campo estaban de obras. Con un ligero movimiento de cuello podía mirar una obra y ver a la vez a mi hijo contento. Me esforcé en valorar la dicha del momento. Solo faltaba que en lugar de mi hijo fuera mi nieto el que estuviera entrenando, y yo jubilado, para que fuera perfecto. Casi lo estás logrando, Enrique, me dije, vas por el camino correcto.

Marzo de 2024

Una fórmula de éxito
[Supuestas certezas]

Vosotros sois muy jóvenes y no lo recordaréis, pero al anuncio de marcha de Xavi se le atribuyeron propiedades mágicas. Cada noche, cuando estaba cansado, me ponía la rueda de prensa del entrenador del Barcelona, la de después de los cinco goles del Villarreal, y se me pasaba el dolor de espalda. Se me pasaban todos los dolores. La dimisión en diferido provocó la subida de los mercados internacionales, la curación de enfermedades incurables y la mutación de un equipo perdedor en una máquina intratable. La jugada maestra del entrenador era lo mejor para la sociedad, para el Barça y para sus jugadores. O quizá no. Quizá era lo mejor para Xavi Hernández.

Nadie sabe mejor que Xavi la importancia del tiempo en un club grande. En un club como el Barcelona, lo que ocurra no es tan importante como encontrar la manera de sobrevivir hasta la oportunidad siguiente. Hasta que no te has ido no has perdido y lo que ocurra no es tan importante como la historia que después se cuente, una vez ganes. Esta temporada, Xavi no ha ganado títulos, pero ha ganado* algo quizá más valioso: tiempo. Una cuarta temporada por delante. Lo que suele ocurrir en un club así y en una Liga así es que siempre ganas, si aguantas lo suficiente.

Además, insisto, lo que ocurra de veras no es tan importante. En el imaginario colectivo se instalan después supuestas

*Había ganado.

certezas que nunca sucedieron, pero calan como verdades. Apuesto que el aficionado medio otorga a Xavi un papel capital en la Champions de Rijkaard y Ronaldinho, aunque no jugara un solo partido europeo desde principios de noviembre, al lesionarse. Sin embargo, de la estrepitosa caída de aquel equipo, pese a jugar todos los partidos y pese a jugar más que nunca, jamás fue responsable. Para debutar en la élite a los dieciocho años has de ser muy bueno, pero hay que ser todavía mejor para sobrevivir a un capazo de crisis, siempre indemne, sin jugar una final de Champions hasta cumplidos los veintinueve.

En el fútbol, negar la realidad, huir de la coherencia, abrazar excusas groseras y tirar hacia adelante es un mecanismo de defensa legítimo y una fórmula de éxito bastante aceptable. El Xavi jugador fue hábil desde el principio y se dio la oportunidad, y fue aún más hábil en la victoria para instaurar su relato en la vitrina de las verdades populares, oficiales e incontestables. Ahora, el Xavi entrenador opta a repetir el baile.

De un grande te tienen que echar, porque nunca se sabe. Igual irrumpe un Messi con el 10 y un Guardiola con la pizarra y años después viajan a Catar y te llaman oráculo para entrevistarte. Admiro profundamente esa capacidad para salvarse. Admiro esa capacidad para ser la clave de las victorias, pero no de las derrotas, pase lo que pase. En breve volverá a decir que el Barça es el club más difícil, y nadie recordará lo que hoy se antoja unánime. O acaso alguien se acuerda del ridículo revanchismo, en el enésimo derrape en sala de prensa, que exhibió tras ganar al Nápoles.

Ahora resulta que los mismos jugadores que dieron lo mejor de sí tras saber que el entrenador se marchaba realizaron «uno de los mejores entrenamientos de la temporada» tras conocer que se quedaba. Son las nuevas propiedades.

El Xavi entrenador es aún una incógnita que de momento se asegura otro viaje. El otro Xavi resulta poco amable.

Abril de 2024

Encuadernar en acordeón
[El *mermaiding*]

Mi equipo logró su objetivo el primer fin de semana de mayo. Quien quiera enfadarse o amargarse por algo siempre encontrará algún motivo, pero lo cierto es que no volverá a jugar un partido de verdad hasta mediados de agosto, cuando empiece el próximo campeonato. Este inesperado adelanto en la consecución del primer puesto nos ha regalado unos meses de vida alegre y despreocupada. Un vaciado prematuro de angustias. Respiro mejor que hace unas semanas.

De hecho, he pensado que puede ser un buen momento para buscar nuevas aficiones. Podríamos abrir una etapa de provecho en nuestras vidas. Deberíamos aprovechar esta ocasión que nos ha brindado el destino. Dejar de perder el tiempo con la estupidez del fútbol y madurar de una vez por todas. Escapar de la masa aborregada y destinar nuestra energía y nuestra atención a lo que de veras importa.

¿Qué hace esa gente moral e intelectualmente superior que aborrece nuestra afición por el fútbol? He estado investigando y se despliega frente a nosotros un enorme paisaje de oportunidades. Dejemos la idiotez del fútbol para enriquecernos por dentro y por fuera. Para evolucionar física y espiritualmente. Por qué no destinar nuestro tiempo libre a disfrutar de un fantástico vermut creativo de encuadernación en acordeón. O de un no menos creativo tardeo de pintura y transfer en posavasos. ¿Por qué no nos apuntamos a un curso de iniciación al *mermaiding* para nadar como las sirenas? Es la hora. Por fin cosas que mejoren nuestra sociedad y no la salvajada primitiva e imbécil de golpear con el pie una pelota. Actividades sofisticadas. Respeto y racionalidad. Cosas que importan.

Pese a todo, cuando acabe la Liga, mi equipo, que es el CD Castellón, tendrá que jugar un invento llamado final de campeones. El otro día, cruzando mensajes con Nacho Carretero —que es seguidor del ganador del otro grupo de Primera Federación, el Deportivo de la Coruña—, confesé mi curiosidad por asistir a esos encuentros. De una vez por todas sabremos qué sienten todos esos seres extraños que hablan de «la fiesta del fútbol» cuando hay una final o un *play-off*, esos que aseguran que lo importante es participar, que el fútbol no nos da de comer y cuentos por el estilo. Todos esos hippies.

Iremos a la final de campeones sin nada que perder, aunque en las últimas horas está germinando en mí una preocupación de lo más tonta. Porque desde que somos campeones nos hacen el pasillo antes de iniciar cada partido. ¿Qué ocurrirá en la final de campeones si los dos somos campeones? Primero uno hará el pasillo al otro. Luego el otro se lo devolverá. Y el primero dirá «no, no, insisto» y vuelta a empezar. Entraremos quizá en un bucle sin fin de pasillos y el árbitro se enfadará. Ya me estoy poniendo nervioso. A ratos aún pienso que nos podrían descalificar.

En el fondo, en el fútbol no hay que descartar nada. Que se lo digan a Xavi Hernández y a Laporta, que menuda liada*. Esto ocurre por seguir simulando que ganar al Almería es algo que merece nuestro interés. Si Xavi hubiese cancelado las últimas ruedas de prensa para aprender a encuadernar en acordeón, nada de lo que está pasando habría pasado.

Mayo de 2024

* Algo dijo Xavi que no le gustó al presidente Laporta.

Somos dos en un reloj
[No hay derecho]

Si es verdad eso que dicen, que Xavi Hernández dejará el lunes de ser el entrenador del Barcelona, será un día triste para los que hemos crecido abrazando el noble arte de las excusas. En mi caso es algo que venía de cuna. Si no salía de mí, era mi propia madre la que siempre me justificaba. Yo nunca tuve la culpa de nada, y ahora mis lectores lo pagan.

Por ejemplo, cuando culminé el histórico logro de ser más bajito que mi padre, cuando se hizo oficial la hazaña que ponía a Darwin contra las cuerdas, y al asumir que ya no iba a crecer más, mi madre culpó a no sé qué medicación infantil inventada. Por lo visto, lo de pasar años tirando a la basura la comida que me daban en el comedor del colegio no influyó para nada.

Debo decir, también, que lo peor con las excusas no es tratar de convencer a los demás de algo incorrecto. Lo peor con las excusas ocurre cuando te las terminas creyendo. Lo peor es que pasa un periodo de tiempo y se difumina en tu memoria la separación entre la verdad y la excusa, y ya no sabes si eso fue así o estás mintiendo.

Mi excusa favorita de todos los tiempos asoma en ese listado mítico de casos de dopaje que se viraliza de vez en cuando en las redes sociales. El portero australiano Mark Bosnich dijo que había consumido cocaína para mostrar a su novia los peligros de la droga. Es una justificación impecable, porque no solo convierte en inocente al presunto culpable. También lo convierte en héroe, porque se sacrificó por la persona que más quería. Su único delito fue amar. Pobre Bosnich, no hay derecho.

Empatizo bastante con Bosnich, pero no por lo de la droga. Empatizo con Bosnich porque yo me hice periodista para mostrar a mis hijos los peligros del periodismo. Seguro que mi madre está de acuerdo con esto.

El caso es que por un momento pensamos que Xavi, a su manera y una vez más, había sobrevivido. Que la estrategia de la dimisión en diferido le había funcionado y, aun en el alambre entre la justificación y el argumento, había ganado tiempo para volver a intentarlo. Pero si es verdad eso que dice ya el Barcelona, y que hasta que no ocurra de verdad todavía no lo creo, pues no. Ha sido más o menos como en las películas de policías y atracos. Cuando parece que la jugada ha salido perfecta, los malos cometen un error de lo más tonto que estropea todo lo planeado.

Si es verdad eso que también dicen, que Hansi Flick será el próximo entrenador del Barcelona, puedo sacar pecho. Se podría decir incluso que yo descubrí a Hansi Flick, porque ya hablé sobre él en un pódcast* hace tiempo, cuando estaba en Alemania y ni siquiera sonaba para el banquillo del Barça. Lo hice adaptando aquel anuncio del reloj suizo para niños. La genial canción aquella de «Yo soy Flick, yo soy Flack, somos dos en un reloj, etc.». Así que resuelvo dudas sobre su estilo de juego, y a ver cómo mi madre justifica esto.

Para acabar la jugada, ojalá Xavi diga ahora que todo lo de esta temporada lo hizo para mostrar a Flick los peligros de ser entrenador del Barça. Hay que aprovechar la última rueda de prensa.

Mayo de 2024

* *Los últimos de la lista*, con Javier Aznar.

Unos dilemas habituales [Ellos no tienen la culpa]

Un dilema asalta a las mejores mentes a estas alturas de la temporada. El miércoles, mientras estaba en el periódico viendo el PSG-Real Sociedad, me escribió Manel. Resulta que tenía una duda, extensiva también al Lazio-Bayern de Múnich, que requería de mi respuesta inmediata.

Manel me preguntó qué le convenía más en estos partidos, como aficionado del Barcelona: ¿Que pasaran las eliminatorias los equipos supuestamente débiles o que avanzaran los supuestamente mejores? Mi amigo desarrolló su pregunta porque yo no articulaba respuesta, ni ganas. Si pasaban Real Sociedad y Lazio, me explicó, quizá el Barça tuviera más opciones de ganar la Champions este año, pero a la vez, y ahí radicaba la gigantesca duda, también el Real Madrid estaría más cerca de ganarla.

La verdad es que contesté con un emoji fronterizo, uno de esos que significan todo y a la vez significan nada, y que cada cual puede interpretar como le dé la gana, porque no sé qué le conviene más al aficionado del Barcelona. Sí sé qué le conviene a Manel: buscar un oráculo más cualificado y otro amigo al que dar la vara. En todo caso, y en realidad, este dilema y la consiguiente elección nos enseñan bastante bien qué tipo de hinchas y de personas somos. Si aceptamos el mal menor (que no gane yo, pero que tampoco ganen aquellos que odio) o asumimos el riesgo que conlleva aspirar al premio gordo. La postura se puede extender a numerosas cuestiones vitales. Yo ya avanzo que vivo cansado, estoy mayor y me vale el empate en casi todo.

Por ejemplo, nunca arriesgaría bautizando a mis hijos con un nombre relacionado con mi equipo. Es un consejo que lanzo: por mucho que admires a un futbolista, siempre se te puede complicar la maniobra y estropearlo. Si el futbolista aún está en activo, puede marcar un gol en propia crucial, hacer un penalti fatal o fallar el último en la tanda de un partido decisivo. Y si el futbolista se ha retirado, puede hacerse entrenador y estropear la memoria, o puede debutar otro con ese mismo nombre y convertirse en tu mayor enemigo. Y entonces, cada vez que veas a tu hijo o escuches su nombre irá calando en ti un sentimiento negativo. Acabarás cogiendo manía a tu propio hijo, entonando cánticos en su contra y sacando los codos para proteger la posición al cruzártelo en el pasillo. Algo que, por lo que tengo entendido, no suele estar bien visto ni comprenderse demasiado.

En las últimas horas, eso sí, me he alegrado un poco por aquellos madridistas que hace unos años llamaron a sus hijos Kylian* por Kylian Mbappé (existen, hay datos) y que en las últimas noticias que llegan desde París han encontrado una esperanza. Me he alegrado también por los niños, sobre todo. Ellos no tienen la culpa de nada.

Lo raro es que no me hubiera escrito antes Manel para preguntar qué era mejor para el aficionado del Barcelona: que Mbappé decidiera renovar otra vez o salir del PSG a final de esta temporada. Porque si se marcha, quizá pudiera ficharlo de alguna manera el Barcelona, pero a la vez, y ahí asomaría el dilema, también el Real Madrid estaría más

* Consultar columna al respecto en *El fútbol no te da de comer*, otro gran recopilatorio.

cerca de contratarlo. Como sea, estimado amigo, intuyo que aquí el empate también sería para celebrarlo.

Febrero de 2024

Por lo que sea
[No me hacen caso]

De vez en cuando me invitan a sitios. En Bilbao, una noche, estuve horas contando la misma historia a todo aquel que se me acercara. Meses antes, había visto jugar a un chico del Villarreal «C» que me pareció buenísimo. Era zurdito, se le caía la clase al perfilarse, conducía la pelota pegada al pie, elegía siempre el pase correcto y sabía jugar por fuera y por dentro.

Era sin duda un futbolista «muy mío». Me había gustado tanto que siempre que podía preguntaba por él en el club amarillo: resulta que había crecido en la provincia de Murcia, pero nacido en Bilbao porque su padre era guardia civil o algo de eso. Así, aquella noche bilbaína, dada la conocida política de fichajes del Athletic, expandí la valiosa información sin pedir nada a cambio, ni una compensación de ojeador ni una palmadita en la espalda ni un porcentaje de un futuro traspaso. Sin embargo, y visto lo visto*, nadie me hizo caso.

Aquel futbolista era Iván Martín, al que después apadriné y seguí a mi manera: lo sacaba en cualquier conversación de sobremesa, lo seguía a distancia en sus distintas cesiones y lo fichaba siempre en los equipos de Biwenger, ya fuera en Segunda o en Primera. Ahora tiene veinticuatro años y lo borda en el Girona: que sepa el muchacho que su evolución está

* A día de hoy.

siendo para mí muy satisfactoria. En esta casa estamos muy contentos con sus notas. Le animamos a que siga esforzándose con esmero y no baje la guardia.

El otro día, de hecho, decidió el partidazo entre el Girona y el Atlético de Madrid en el último minuto, con un golazo de bandera. No lo cuento para que alguien me dé la razón. No la necesito porque ya la tengo. Tampoco lo cuento para que me vuelvan a invitar a Bilbao. Solo quiero apuntar que yo podría haber cambiado la historia del fútbol. Porque si alguna de aquellas personas que aguantó mi atinada (aunque pesada) visión sobre el talento adolescente de Iván Martín me hubiera hecho caso, y el Athletic de Bilbao lo hubiera fichado hace tiempo, quizá ahora se estarían tambaleando los cimientos del City Football Group, del Girona y de todo el fútbol europeo.

Pero no me suelen hacer caso, y menos por las noches. Por lo que sea.

Todo esto, además, me hace pensar en dos temas. Uno: cuánta sabiduría he perdido por esquivar por norma a los borrachos que se me acercan. Y dos: cuántas pequeñas historias algo casuales determinan después la gran historia. La historia oficialmente verdadera. De lo que sea.

Para que la gente me haga caso tengo que aprender a hablar con las gafas en la mano. Aunque, en realidad, que no me hicieran caso un puñado de semidesconocidos en una noche cualquiera en una ciudad ajena tiene bastante lógica, si se piensa. El problema es que mi falta de credibilidad alcanza otras esferas. Del trabajo ni hablamos. Respecto a mis hijos, al menos, manejo un consuelo.

Escuché al presidente del Castellón y apostador profesional, Haralabos Voulgaris, contar en un pódcast lo que aprendió viendo apostar a su padre. Básicamente, aprendió lo que no tenía que hacer. Vi la luz: justo esa puede ser mi manera.

Justo así (ni siquiera los llevamos a nacer a Bilbao) puedo ser de utilidad para mi descendencia. Ser el ejemplo de lo que no hay que hacer. Quizá funcione, por lo que sea.

Enero de 2024

Los días más peligrosos
[Callados]

Probablemente estemos viviendo los días más peligrosos del año para un hincha: son los días que separan la ida y la vuelta de los cuartos de final de la Champions. Después de los resultados de esta semana, en cada conversación inocente asoma una invitación a la trampa. Esta es mi sabia advertencia: todo lo que digáis estos días sobre Dembélé, Bellingham, Mbappé, Cubarsí, Haaland, Xavi Hernández o Morata se puede volver enseguida en contra.

Como no me fío de vosotros, porque os crecéis muy rápido, recomiendo el silencio preventivo como antídoto efectivo para no meter la pata. Podéis incluso simular una afonía, algo que solo conlleva ventajas. Las personas más interesantes son casi siempre las que están calladas. A la vez descubriréis vuestras verdaderas afinidades con cualquier persona. Cuando estás con alguien sin hablar durante un buen rato y el silencio no es incómodo, estamos ante un caso de auténtica conexión espiritual entre seres humanos. Lo recordé hace muy poco. Delia y yo madrugamos para viajar en tren y permanecimos más de una hora en nuestros asientos sin cruzar una sola palabra. De repente, me di cuenta de lo que estaba pasando, lo comentamos y estuvimos de acuerdo: ese es el secreto de nuestro matrimonio. Estar a gusto estando callados.

Pero volvamos al fútbol, que siempre nos desviamos. Además de estar callado para no tentar a la suerte, otro aspecto clave de este tramo decisivo de la temporada es portarse bien por si acaso. Este es mi consejo, también sabio: Don Fútbol nos vigila especialmente durante los meses de abril y mayo. Don Fútbol lo ve todo. Por eso son los meses en los que mejor me porto, porque pienso que si actúo como una buena persona Don Fútbol me recompensará después con resultados.

Durante estas semanas de incertidumbre futbolística oposito al Nobel de la Paz, soy un ser de luz, soy la mejor personita del planeta. Oposito a mejor padre, mejor hijo, mejor marido, mejor sobrino, mejor amigo, mejor cliente y mejor compañero de trabajo. Cumplo con todas esas pequeñas cosas que sabemos que deberíamos hacer, pero dejamos pasar durante el resto del año.

Cada detalle cuenta. Solo cojo el coche si es necesario, freno en todos los pasos de peatones y apago sin quejarme las luces que otros habían dejado encendidas en casa. Así se deciden ascensos, permanencias y campeonatos. Estas semanas cruciales hasta felicito los cumpleaños, que yo nunca felicito los cumpleaños. Mi prima Raquel posee el dudoso honor de ser la única prima puntualmente felicitada. ¿Por qué? ¿Acaso me cae mejor que las demás? No especialmente. La felicito porque nació un 21 de abril y mi equipo siempre se está jugando algo. La felicito por si acaso.

Con mi tía Nina sucede algo similar, pero un poco extraño. Cumple años en junio y a veces paso de llamar y a veces la llamo. Supongo que no entenderá nada, pero todo depende del calendario. Algunas temporadas jugamos *play-offs*, y otras hay Mundial o Eurocopa, por lo que tiene felicitación asegurada esos años. Sin embargo, su cumpleaños se me «olvida» si ya ha terminado todo.

No es que esté orgulloso de esto, obvio, pero nos vamos apañando.

Abril de 2024

Lo más importante es saber atravesar el fuego [Una vida para un momento]

Lo más importante es saber atravesar el fuego. Es curioso cómo funciona nuestro cerebro. Durante el descanso del partido del Castellón en Murcia, me acordé de esa frase que leí en un poemario hace un montón de años. Es lo único que retengo. Lo más importante es saber atravesar el fuego.

En el descanso del partido del Castellón en Murcia, sabíamos que nos esperaba una tonelada de sufrimiento. Para llegar al final feliz, primero había que atravesar el fuego. El Castellón ganaba cero a dos, pero llevaba ya un rato retorciéndose bajo el sol, compitiendo con un futbolista menos. No era necesario ser muy listo para saber lo que esperaba en el segundo tiempo: una hora de achaques, angustias y tormentos. Una hora de pasarlo verdaderamente mal. Sed en La Condomina, calor y falta de oxígeno. Me hubiese ido a donde fuera.

Y no me fui por la misma razón por la que llegué hasta allí: un niño de siete años llamado Teo. Por él me hice el ánimo y volví el sábado a Murcia veintiún años después de aquel desastre contra el Ciudad, en busca de otro ascenso. Por él me quedé a sufrir, pensando que ya estoy mayor para esto, y aun sabiendo que sí o sí debíamos atravesar el fuego.

Con el dolor llamando a la puerta de los recuerdos, nos retorcimos por el segundo tiempo. Lo típico: cada centro al área es un pinchacito en el alma, celebras los despejes, las disputas y los saques de banda y miras al reloj tantas veces que el minutero no avanza.

Y Teo. ¿Qué me preguntó Teo mientras el Castellón resistía valeroso y tenaz al asedio y yo pensaba que me estaba muriendo? Me dijo que se le movía un diente y me preguntó si el Ratoncito Pérez iba a los hoteles, porque íbamos a dormir en un hotel luego. Mi hijo Teo. Es curioso cómo funciona su cerebro.

Ajeno a la preocupación del diente, por lo que fuera, el Real Murcia seguía insistiendo. Con dos a tres en el marcador decretaron siete minutos de añadido. Siete minutos de suplicio. Cuando apenas faltaban unos segundos para el final, en el último balón colgado al área albinegra, el árbitro pitó penalti y el cielo cayó sobre nuestras cabezas. Pero entonces ocurrió: Gonzalo Crettaz repelió el penalti, Iago Indias despejó el rechace y Teo me abrazó muy fuerte, y mucho tiempo, me regaló el abrazo de mi vida mientras nos envolvían los gritos y las lágrimas en un nosotros eterno. Y los fiascos, los sacrificios, las renuncias y los miedos, todo tuvo sentido en ese momento.

Es el fútbol, una vida para un momento. Ese momento lo compensa todo, pero no se puede explicar ese momento. Seguro que lo sabes si alguna vez has atravesado el fuego.

Mayo de 2024

El genio de la multitud
[Conviene tener cuidado]

Se levanta, comprueba que no hay ningún «Vamos a jubilar a Ballester» en las portadas y asume resignado que hoy también tendrá que escribir algo.

A Ballester todavía no, pero España jubiló a Toni Kroos. Las fases finales son muy dadas a las despedidas. En estos casos, como en los penaltis fallados por Cristiano Ronaldo y Leo Messi en la Eurocopa y la Americopa, o en la eliminación previa de Luka Modrić, es sencillo constatar una verdad. Es la verdad del genio de la multitud: la burla que sufre un futbolista en la derrota y en la decadencia es siempre proporcional al dolor que previamente causó en el rival.

Por suerte para España, todavía ven lejos ese momento Nico Williams, Dani Olmo y Lamine Yamal. Y Rodri, Fabián y Carvajal, y todos los demás. Ahora mismo están ocupados en la parte de causar el dolor. Pase lo que pase en el desenlace de la Euro, me atrevo a apuntar que el recuerdo mayoritario será positivo con esta selección, porque demuestra en cada partido que cumple con lo que debemos pedir a una selección: existe el compromiso y existe la intención.

Lo de tener un plan para estimular las virtudes de tus mejores futbolistas parece una obviedad, pero en la práctica es una cualidad que escasea a nivel internacional. Estamos viendo a un capazo de estrellas de diferentes países rendir por debajo de lo habitual, fuera de sitio, fuera del momento o fuera de cualquier automatismo, huérfanos del cobijo estructural.

No está ocurriendo así en España, donde las preguntas que lanza el rival se resuelven desde la naturalidad. El planteamiento dibuja un ecosistema que invita a potenciar lo mejor de tus mejores. Es una medalla que Luis de la Fuente se puede colgar.

Como al final ganamos a Alemania, además, podemos simular que esos cambios que siguieron al 1-0 no sucedieron en realidad. Añadiría aquí un «bien está lo que bien acaba», pero por desgracia esta no es una columna de Mariano Rajoy. Eso sí, si llega una derrota, el genio de la multitud asomará por el umbral. Podremos comprobar cuánto daño ha causado en algunos esta selección, para variar.

▼ Porque son días de felicidad con la Selección española, pero no conviene relajarse del todo, por si acaso. Son días propicios para la irrupción de los domingueros del fútbol, una especie que asoma a nuestro alrededor de vez en cuando. Son todas esas personas que pasan del tema durante todo el año y solo se acercan al fútbol en los momentos estelares, a rebufo del éxito, y buscando algo. La mayoría de estas personas son inofensivas, porque solo quieren sentirse integradas, aunque a la segunda frase quede bien claro que no saben de lo que están hablando, aunque se haya retirado Kroos y aún escriban su nombre mal —con una o y dos eses—, y hay que quererlos y perdonarlos. Pero hay otros domingueros del fútbol que no son así. Con ellos conviene tener cuidado.

Son aquellos que en el fondo tienen un plan. Los que utilizan la fuerza del fútbol para su interés particular, a menudo intoxicándonos. Los que convierten todo en una guerra de los míos contra los otros, los de aquí contra los de allá y los buenos contra los malos. Los que manipulan el relato con un falso barniz político, sociológico o payaso. A veces es tentador dejarse arrastrar, porque hurgan en los instintos más bajos, pero lo mejor contra esta trampa es refugiarse en lo básico. Preguntarnos por qué nos gustó el fútbol y con quién queremos compartirlo y disfrutarlo. Qué nos envilece y qué nos sana el ánimo. No nos dejemos robar la felicidad del fútbol. Construyamos un refugio íntimo y emocional que nos mantenga a salvo.

Por lo que sea, y al hilo, existe gente incapaz de festejar una victoria sin utilizarla contra alguien o contra algo. A veces no es peligroso, sino gracioso. Después del golazo de Lamine Yamal a Francia, leí en Twitter un apunte clásico: «Si lo llega a marcar Mbappé, habrían adelantado el inicio de *Deportes Cuatro* a las diez y cuarto». Y si lo piensas es verdad: si Mbappé mete ese gol a su propio portero, después de bailar a Rabiot, y lo celebra con el banquillo de España, estaría más que justificado empezar *Deportes Cuatro* a las diez y cuarto.

Julio de 2024

Cómo (no) jugar al *FIFA 24* [Doña Pereza]

Por lo que fuera, Papá Noel decidió que era buena idea obsequiar a mi hijo Teo con el *FIFA 24*. El *FIFA 24* ya no se llama *FIFA 24*, pero en esta casa se seguirá llamando para siempre *FIFA* al *FIFA*, por supuesto, que quede claro. En esta casa, por cierto, no entraba un *FIFA* desde el *FIFA 09*. No recordaba muy bien el motivo de esta sequía *fifil*, pero tardé poco tiempo en recordarlo.

Encendí la consola y mi cerebro quedó secuestrado de inmediato por el *FIFA 24*, tal y como me ocurrió en los días de pseudojuventud con el *FIFA 09*. En aquel caso no sé cómo logré escapar del atrapamiento, pero lo hice, y más o menos pude sacar adelante los deberes básicos de la vida adulta. Sin embargo, en Navidad apareció de repente el *FIFA 24* y por un momento pensé que no llegaría a contarlo.

Porque mi productividad se vio seriamente amenazada por el *FIFA 24*. Primero jugué con mi hijo un rato, pero mi hijo se fue a dormir y me quedé a solas en el sofá, frente a la tele, con el *FIFA 24* y un mando. Hice entonces lo único que se podía hacer: editar uno de los equipos del juego, convertirlo en el CD Castellón falso, y ajustar uno a uno los nombres, los atributos y los dorsales de cada uno de los futbolistas, que pasaban a ser reales en mi imaginario. Además, al mismo tiempo que trataba de entender el funcionamiento del formato, fui jugando partidos y avanzando en el calendario. Resumiré el asunto con un par de frases que parecen epitafios:

me fui a dormir a las siete de la mañana con dolores en el cuello y un brazo; y en la cama cerraba los ojos y veía jugadas del *FIFA 24*.

Por suerte, al día siguiente mi mujer se llevó al hijo pequeño a no sé dónde, a un evento familiar o algo. No por ello es menos grave que mis otros dos hijos quedaran desatendidos, rebuscando en las sobras de la cena para desayunar algo. Cuando desperté, volví a jugar con Teo y todo bien, hasta que empecé a notar que me miraba raro. Llegó un momento que dijo: «No juego», y yo seguí jugando. Al rato volvió y dijo: «Papá, no juegues más». Un niño de siete años diciendo «Papá, no juegues más». Bastante duro. Pensadlo.

Dejé de jugar y simulé estar interesado por la vida el resto del día hasta que llegó la noche y uno a uno, en casa, se fueron acostando. Retomé la Liga de la noche anterior, encadenando partidos como un enajenado. Ciertamente era pura adicción, porque ni siquiera me estaba divirtiendo. Jugar al *FIFA 24* ya parecía un trabajo, tanto que me sentía sucio jugando. Empecé a pensar en todo lo que debería haber hecho en la vida y no hice, en lo que debería haber estudiado. Me sentí culpable por perder el tiempo, pero el tiempo no se dio por perdido, sino por encontrado. De nuevo las siete de la mañana. De nuevo llegar a la cama dándome asco.

Al tercer día ya me levanté como un desecho humano. Ni siquiera preparé café. Ni siquiera hice el Wordle en el baño. Tenía asumida la derrota y estaba dispuesto a dejarme caer por el barranco, pero entonces encendí la consola y ocurrió el milagro. Mis hijos se habían despertado antes y habían estado jugando al *Mario Kart*. De repente, me dio muchísima pereza levantarme, quitar ese juego, buscar el otro y abrir la caja del *FIFA 24*. La pereza me salvó. Incluso fui después a trabajar, por la tarde. No he vuelto a jugarlo.

La pereza me salvó como tantas otras veces me había salvado. De no ser por la pereza habría intentado llevar a cabo alguna de mis ideas de negocio, o todas, hasta quedar arruinado. Lo del parque de atracciones sin acción. Lo del fútbol tronco. Lo de alquilar camiones para aparcarlos frente a los restaurantes de carretera. Lo del McAuto para barcos. De no ser por la pereza mi relación de pareja habría fracasado, también, porque la base de nuestra convivencia es pensar en la pereza que nos daría conocer a otros suegros y a otros cuñados, y a otros amigos, y hacer todo el papeleo del divorcio, del padrón y de los bancos.

Doña Pereza. Una cosa te quiero decir: gracias por tanto.

Jot Down Sport, diciembre de 2023

Buscad un campito
[No quedan Doritos]

A veces el plan principal es solo una excusa. A veces lo colateral muta en lo máximo. Cuando iba al instituto y salía de fiesta con mis amigos, por ejemplo, no era salir de fiesta mi asunto preferido. Lo que más me gustaba era volver de fiesta con mis amigos. Lo que más me gustaba en realidad era el momento Doritos. Porque antes de enfilar la calle hacia mi casa para ir a dormir, parábamos en una gasolinera y comprábamos comida. Yo me compraba una bolsa gigante de Doritos, me sentaba en un banco y me comía tranquilamente los Doritos. Era una felicidad barata y sencilla. El mejor momento de la semana: comer basura y decir y escuchar tonterías. Me gustaba tanto ese momento de la comida de madrugada con mis amigos que hasta me hubiese molestado ligar alguna de esas noches, incluso, y perderme lo de los Doritos.

Quizá no tanto, la verdad, pero entendéis lo que digo.

Aquello ya terminó, pero en los últimos tiempos he encontrado otro momento Doritos. Como ya no salgo de noche, es un momento distinto. Lo que ocurre igual es que el plan principal tiene pinta de excusa y lo colateral está opositando a lo máximo. Ahora, cuando llevo a entrenar a mi hijo, no es verlo entrenar mi asunto preferido, y eso que me gusta mucho ver entrenar a mi hijo. Lo que más me gusta es que al salir del entrenamiento siempre pide que vayamos a un campito.

Teo sabe que siempre hay tiempo para jugar a fútbol un ratito más, y justo al lado de sus instalaciones de entrenamiento hay un lindo campito. El campito es de una multinacional, está vallado y tiene buenas porterías: ganamos aparcamiento, pero perdemos mística. El campito es el campito del Decathlon más próximo.

Allá vamos siempre Teo y yo después de entrenar, y da igual que haya entrenado a fútbol o a atletismo, que es a lo que se dedica ahora mismo. Mi hijo saca la pelota del maletero y somos felices: me mete unos golazos de impresión, nos picamos en el juego de darle al larguero, presume de zurdita y cuando me canso entramos a la tienda a comprar agua fresquísima.

Teo tiene siete años y lógicamente flipa en el Decathlon, que le parece el paraíso. A menudo damos un paseo por las diferentes plantas y pasillos, tomando nota sin prisas, e imaginamos que practica otros deportes y juega en otros equipos. A Teo le apetece jugar a todo y no ve nada clara la limitación de horas y días. El otro día ya asignó un par de deportes a su hermano recién nacido. De hecho, si por él fuera, jugaría a la vez a bádminton, pádel, tenis, golf, baloncesto, balonmano, rugby y gimnasia rítmica. Mi hijo se queja de tener solo una vida, quiere todos los deportes y los quiere en fila. «Todos se me dan bien», repite, porque también es bastante flipao el niño.

De momento le he dicho que lo pensaremos el año próximo.

Luego, mientras salimos de la tienda y volvemos al campito a echar los últimos tiros, pienso en los deportes que no elegimos. En las vidas que podríamos haber tenido y no tuvimos. En lo que podríamos haber hecho o haber sido. Pienso que no quedan Doritos, pero tenemos campito. Y también pienso en lo que nos hemos convertido.

Jot Down Sport, noviembre de 2023

Índice de artículos

¿MAÑANA QUÉ HACEMOS?
[NI COBRANDO] 7

NUESTRO HÉROE
[NI SE INMUTABA] 10

ENTENDERLO
[SIN MIRAR LA PORTERÍA] 13

UN COMUNICADO
[GRACIAS POR LA ENSEÑANZA] 16

HACER LA OLA
[VACÍOS LEGALES] 19

NIÑOS PRODIGIO
[ALTAS EXPECTATIVAS] 22

PARECÍA BUENÍSIMO
[PERO NO] 25

EL BALONAZO
[DILE QUE ES PELÉ] 27

LA LAGRIMITA
[NADIE TE LO EXPLICA] 30

LA PERFECCIÓN
[UN VENCEDOR] 33

NEGOCIOS
[PARQUE DE ATRACCIONES SIN ACCIÓN] 36

UN POCO DE PEDAGOGÍA
[PAZ, TOLERANCIA, QUINOA] 39

SÍ QUE PASA
[QUEREMOS TODO] 41

AYER LAMINE
[BAILANDO POR AHÍ] 43

EL ENTUSIASMO
[Y EL TERMO] 46

NADA MEJOR
[UN GIRO DE 54 GRADOS] 49

LAS DOS DE LA MADRUGADA
[MÁXIMA MESURA] 52

SI GANAN
[ALGO GANARON] 54

TODOS ARGENTINOS
[EL PIBE] 56

OTRA TEMPORADA SALVADA
[MASCOTAS] 59

LA ÚLTIMA
[ESGUINCE DE GRADO UNO] 61

MEJOR NOS VAMOS RETIRANDO
[VAYA PERIODISTA] 64

EL IMPERIO ROMANO
[MENUDO EQUIPAZO] 66

AHORA DI LO MALO
[NOS COMPLEMENTAMOS] 69

OVACIÓN, MANTEO Y COLLEJA
[UN RITUAL] 71

LAS SENSACIONES
[SIÉNTELAS] 73

FAN, PERO NO MUCHO
[QUÉ CASUALIDAD] 75

DE ENTRADA, NO
[DECIDIR] 77

LA PELOTITA
[TRAMPAS] 80

LOS SUSODICHOS
[ALGO DE MISTERIO Y MUCHA SENSIBILIDAD] 83

EL FÚTBOL DE LA CALLE
[EN EL AIRE] 86

YA QUEDAREMOS
[EN SEPTIEMBRE] 88

EL DESPERTADOR
[EL CENTRO] 90

ASÍ ES LA VIDA
[ALGUNO TIENE QUE SACRIFICARSE] 93

UNA MOTIVACIÓN
[UNA Y OTRA VEZ] 96

ESTE MUNDIAL RARO
[JUSTIFICÁNDOME] 99

FOBIAS GRATUITAS
[EL NOBEL DE LA PAZ] 102

QUE VUELVA MESSI
[SALE MAL] 105

UNA INSPIRACIÓN
[LABOR SOCIAL] 107

CONTAGIO DE VESTUARIO
[ESA PULSIÓN SALVAJE] 110

MALAS DECISIONES
[UN CARTÓN DE TABACO] 113

HACE MUCHO FRÍO
[UN MENÚ BIEN TRABAJADO TÁCTICAMENTE] 115

MUNDIAL EN INVIERNO
[UNA MEMEZ] 118

UN ECOSISTEMA ENFERMO
[A QUÉ PRECIO] 121

PERO TAMPOCO
[UN VIEJO LECTOR] 124

UN PACTO A TIEMPO
[SE DESTACA POCO ESO] 126

TENER QUE EXPLICARLO
[FOLCLORE] 129

NI QUERIENDO
[LOS BOLSILLOS IDÓNEOS] 131

CHUTA MÁS FUERTE
[GENTE QUE VA] 134

PUTO PENALTI
[TAN IDIOTA] 137

EL NÚMERO 12
[LA ELECCIÓN] 140

A LA HORA DE LA VERDAD
[EL PERREZNO] 143

THE REAL EXPERIENCE
[LO CORRECTO] 146

ALGUIEN NORMAL
[NO ERA NECESARIO] 149

DANZA ESPAÑOLA
[SE VA COMPLICANDO] 152

SI QUIERES, PUEDES
[CORTARTE LA MANO] 154

AIREANDO TRAUMAS
[PELICULÓN] 156

UN MINUTO ES UN MINUTO
[LA INMENSIDAD DEL COSMOS] 159

CREAR CONTENIDO
[HIJO NÚMERO 3] 161

UNA DESCONEXIÓN SANÍSIMA
[UN PLAN TRANQUILO] 164

SIGUE GANANDO
[MOVÍA LOS BRAZOS] 166

EL FÚTBOL TE PONE EN TU SITIO
[EL BRILLO APAGADO] 169

UN POCO CURAZOLEÑO
[NI SIQUIERA ESO] 172

PROBABILIDADES
[EL SUPERORDENADOR] 175

FUE QUERIENDO
[HONESTOS] 178

UNA Y OTRA VEZ
[LA RABIA Y EL DESEO] 181

ESA VISIÓN, ESA PRESENCIA
[UN CALVO CON COLETA] 184

NO ERA PARA MÍ, PERO
[AL FINAL, SÍ] 186

NI UN PATINETE
[ESTO SE ESTÁ PONIENDO FEO] 189

EXPERIMENTOS
[LA GRAN BROMA] 191

EUREKA
[SEÑOR DESCONOCIDO] 194

HASTA AQUÍ
[CUÁNDO DECIRLO] 197

UNA EXISTENCIA TRANQUILA
[Y UN ERROR HABITUAL] 200

AL FINAL, A LA OLLA
[PARA ESTO] 202

TODOS LO SABÍAN
[PORQUE ESTABA CLARO] 205

EL FÚTBOL TRONCO
[NO ME DEJÉIS SOLO] 207

LO ENTIENDO (O NO)
[BUEN VIAJE] 210

DEMASIADO INTENSO
[EL CAMINO CORRECTO] 213

UNA FÓRMULA DE ÉXITO
[SUPUESTAS CERTEZAS] 215

ENCUADERNAR EN ACORDEÓN
[EL *MERMAIDING*] 218

SOMOS DOS EN UN RELOJ
[NO HAY DERECHO] 220

UNOS DILEMAS HABITUALES
[ELLOS NO TIENEN LA CULPA] 222

POR LO QUE SEA
[NO ME HACEN CASO] 225

LOS DÍAS MÁS PELIGROSOS
[CALLADOS] 228

LO MÁS IMPORTANTE ES SABER ATRAVESAR EL FUEGO
[UNA VIDA PARA UN MOMENTO] 230

EL GENIO DE LA MULTITUD
[CONVIENE TENER CUIDADO] 232

CÓMO (NO) JUGAR AL *FIFA 24*
[DOÑA PEREZA] 235

BUSCAD UN CAMPITO
[NO QUEDAN DORITOS] 238